AF567880
Lippe
Emscher
Unna
elsenkirchen
Dortmund
Bochum
Witten
Ruhr
attingen

Auf unserer Webseite www.biber-butzemann.de erfahrt ihr mehr über unvergessliche Familienferien, unseren Verlag und unsere Bücher. Abonniert gern unseren Newsletter über https://shop.biber-butzemann.de/newsletter.php und folgt uns auf www.facebook.com/biberundbutzemann,
Instagram: biberundbutzemann oder www.pinterest.de/biberundbutzemann

Hinweis: Ausstellungen in Museen wechseln und auch bei anderen Sehenswürdigkeiten gibt es regelmäßig Veränderungen, darum sind alle Angaben ohne Gewähr.

Für Emil, meine inspirierende Ausflugsbegleitung, Oskar, meinen neugierigen Abenteurer, Lotta, mit der ich noch so viel entdecken möchte, und Marcus, meinen verständnisvollen Unterstützer.

Miriam Schaps

Geschwister-Scholl-Str. 7
15566 Schöneiche

2. Auflage, 2023

Bibliografische Information der Deutschen Bibliothek
Die Deutsche Bibliothek verzeichnet diese Publikation in der Deutschen Nationalbibliografie; detaillierte bibliografische Daten sind im Internet unter http://dnb.ddb.de abrufbar.

Text: Miriam Schaps
Illustrationen: Sabrina Pohle
Layout und Satz: Mike Hopf
Lektorat: Steffi Bieber-Geske, Juliane Jacobsen
Lektoratsassistenz: Kati Bieber, Martina Bieber, Nadine Bohland, Madeleine Kykillus, Friederike Rademacher, Paula Schwarzer
Korrektorat: Carola Jürchott
Druck- und Bindearbeiten: ScandinavianBook | DruckhausNord GmbH
ISBN: 978-3-95916-058-2

INHALT

DER SCHIEFE TURM VON HATTINGEN

„Lauter Fachwerkhäuser!“ Lilly staunte schon nach den ersten Schritten durch die Altstadt von Hattingen.
„Hier ist es richtig schön“, stellte auch Nikolas fest.
„Ich hatte mir die Städte im Ruhrgebiet ebenfalls viel grauer und mit mehr Industrie vorgestellt.“ Begeistert sah Mama sich um und zeigte auf eine Informationstafel. „Wir können hier sogar einiges über die Geschichte der Stadt erfahren. Wir müssen nur den Richtungshinweisen der Infoschilder folgen.“
„Nichts sagen, Mama. Ich möchte die nächste Station finden“, meinte Nikolas und las sich den Hinweis durch.
„Ich auch!“, rief Lilly und beeilte sich, um vor ihrem Bruder die nächste Tafel zu entdecken. Beide Kinder flitzten nun voran und kamen gleichzeitig auf dem Obermarkt an.
„Der Brunnen mit dem Schiff sieht ja cool aus!“ Nikolas ging ein bisschen näher heran und hielt seine Hände in das kühle Wasser.
„Ah, wir finden also auch in dieser beschaulichen Stadt einen Hinweis auf die Industrie“, gab Papa sein neu erworbenes Wissen von dem Infoschild weiter. „Der Treidelbrunnen soll an die Bedeutung der Ruhr als Transportweg für die Kohle erinnern.“
Mehr Informationen wurde er jedoch nicht los, denn die Kinder waren schon auf der Suche nach dem nächsten historischen Ort.

„Huh, hinter diesen Holztüren war wohl das Gefängnis." Lilly schüttelte sich, als sie durch den schmalen Durchgang beim alten Rathaus gingen.
„Da vorne ist auch ein Fenster mit Eisenstäben. Trotzdem war es bestimmt ziemlich dunkel in der Gefängniszelle", überlegte Nikolas.
„Lasst uns lieber weitergehen", meinte Lilly und ging zwischen den Häusern in Richtung des Kirchplatzes.
Nikolas lief hinter ihr her und packte sie an den Schultern. „Uah, hier kommt der Geist eines alten Verbrechers", flüsterte Nikolas mit unheimlicher Stimme.
„So leicht kannst du mich nicht erschrecken", sagte Lilly und lachte.
„Findet doch mal heraus, warum der Kirchturm so schief ist." Mama deutete nach oben. Lilly kniff die Augen zusammen, um nicht von der Sonne geblendet zu werden.
„Das ist dann wohl ‚der Schiefe Turm von Hattingen'", meinte Papa amüsiert.
„Hm, anscheinend haben sie ihn extra so schief gebaut." Nikolas tippte auf die Infotafel.
Mama schaute ihm über die Schulter, denn als Architektin interessierte sie sich für besondere Bauwerke. „Auf diese Weise sollte vermutlich der Druck der hier vorherrschenden Winde abgefangen werden. Interessante Methode."
Nachdem sie sich auf dem Kirchplatz noch die übrigen Häuser angesehen hatten, bummelten sie durch weitere Straßen und enge Gassen und entdeckten dabei auch Teile der alten Stadtmauer. Doch irgendwann knurrte ihnen allen der Magen. „Wir gehen jetzt zurück zum Kirchplatz und lassen uns dort eine Pizza schmecken", meinte Mama.

„Juchhu!“, jubelten Lilly und Nikolas.

Als sie gerade an einem alten Haus vorbeikamen, blieb Lilly auf einmal stehen. „Schaut mal, da vorne! Die zwei Häuser stoßen oben ja fast zusammen.“ Sie kicherte. „Das sieht ein bisschen so aus, als würden sie sich zueinander beugen und miteinander tuscheln.“

Auch die anderen lachten, und Nikolas meinte: „Hier ist wirklich alles schief und krumm!“

Nachdem sie sich auf dem Kirchplatz an einem schönen Plätzchen in der Sonne gestärkt hatten, machten sie sich auf den Weg zurück zum Auto. Alle waren nach dem Tag mit der langen Anfahrt ziemlich müde und wollten nun zurück zum Campingplatz. Erst heute Mittag waren sie mit dem Wohnwagen, den sie sich von Freunden geliehen hatten, angereist, um in den letzten beiden Sommerferienwochen das Ruhrgebiet zu erkunden.

„Oh, das muss ich mir mal genauer anschauen“, rief Nikolas auf einmal. Er zeigte auf eine Kiste vor einer Haustür, an der auf einem roten Blatt Papier in großen Buchstaben „Zu verschenken“ stand. „Cool, da sind lauter Comics drin“, stellte er erfreut fest und nahm einen Stapel heraus. Ganz oben lag ein altes Mikey Maus-Heft. „Die nehme ich mir als Urlaubslektüre mit!“

„Sind da auch noch welche für mich?“, wollte Lilly wissen und schaute ebenfalls neugierig in die Kiste. Der Rest sah jedoch eher nach langweiligem altem Kram aus. „Das ist gemein!“ Lilly war enttäuscht.

„Wir können uns die Hefte ruhig teilen“, meinte Nikolas großzügig.

EINE UNERWARTETE ENTDECKUNG

Nachdem sie im Wohnwagen ihre Betten eingerichtet hatten, kletterte Nikolas mit dem Comicpäckchen nach oben in seine Koje. „Puh, ist es hier oben eng! Warte, Lilly, ich schaue mal kurz die Hefte durch und werfe dir dann ein paar runter." Mühsam löste Nikolas den Knoten der Schnur, mit der die Comics zusammengebunden waren.
„Hier sind einige Micky Maus-Hefte dabei", informierte Nikolas seine Schwester schon einmal, während er den Stapel durchging. „Ah, und Donald Duck ist auch dabei, und das hier ist ein ... Hä? Das sieht aus wie ein altes Schulheft." Nikolas nahm das braune Heft in die Hand, um es sich näher anzuschauen. Dabei entdeckte er, dass darunter ein weiteres lag. Vorsichtig öffnete er das erste. „Da steht was drin. Ich kann es aber kaum lesen." Angestrengt blickte Nikolas auf die mit Tinte geschriebenen Wörter. „Es sieht aus wie ein Tagebuch. Ich glaube, hier steht ‚März 1951'." Auch im zweiten Heft konnte er Monate mit Jahreszahlen entziffern.
Lilly war bereits aus ihrem Bett geklettert und stand auf der Leiter, um Nikolas' Fund in Augenschein zu nehmen. „Ein altes Tagebuch? Von wem das wohl ist?", überlegte sie aufgeregt.
„Das wüsste ich auch gern. Mach mal Platz." Nikolas kletterte mit dem Heft in der einen Hand aus seinem Bett. „Wir müssen Mama oder Papa fragen, ob sie uns den Text vorlesen können. Mir ist das zu schwierig."

Kurz darauf saß die ganze Familie zusammengekuschelt auf der Eckbank. Auch Mama und Papa waren gespannt, was Nikolas gefunden hatte.

„Ich glaube, du hast recht, Nikolas. Das ist ein Tagebuch", meinte Papa.

„Oh, von wem denn? Kannst du uns vorlesen, was da drinsteht?", fragte Lilly neugierig.

„Eigentlich darf man in fremden Tagebüchern nicht einfach so lesen", sagte Mama, fügte dann aber hinzu: „Andererseits ist 1951 schon ganz schön lange her."

„Ich denke, in diesem Fall ist es okay“, fand Papa und begann vorzulesen.

März 1951

Was soll ich tun? Mir bleibt nix andres übrig, als auffen Pütt zu gehen. Vater ist nicht mehr da, und Mutter hat es mit uns Kindern schwer genug. Ich werde der ganzen Werbung folgen und ins Bergwerk gehen. Da soll man immerhin ordentlich was verdienen. Hoffentlich nehmen die mich überhaupt. Ich bin ja doch eher wat spillerig. Aber wir brauchen Geld. Mutter hat nix gesagt, aber ich weiß, daß sie das von mir erwartet. Ich bin der Älteste und muß was zum Leben beitragen. Morgen werde ich mich beim Bergwerk melden und mit der Maloche beginnen.

„Was heißt denn spillerig?“, wollte Lilly wissen.
„So etwas wie dünn“, erklärte Papa.
„Ist ja auch nicht so wichtig. Und bevor du weiterfragst: Maloche heißt schwere Arbeit. Das habe ich mal in einem Film gehört. Jetzt lies weiter, Papa“, forderte Nikolas ungeduldig.

April 1951

Nun bin ich tatsächlich im Bergwerk. Noch werden wir jungen Kerle über Tage eingesetzt, aber das heißt nicht, daß es nicht hart zur Sache geht. Tagtäglich stehe ich am Leseband und muß die Steine runtersammeln, damit nur Kohle auffem Band bleibt. Meine Hände! Ich kann kaum schreiben. Sie sind völlig zerschrammt und tun ordentlich weh.

„Das Tagebuch eines Bergmanns“, stellte Mama erstaunt fest.

Lilly und Nikolas konnten kaum noch still sitzen. „Cool, von einem echten Bergmann! Jetzt erfahren wir, wie es früher im Ruhrgebiet war“, sagte Lilly.

„Hört sich jedenfalls ziemlich anstrengend an“, meinte Nikolas. „Mir tun ja allein beim Zuhören schon die Hände weh.“

„Einen Eintrag lese ich noch vor, aber den Rest heben wir uns noch ein wenig auf. Dann können wir jeden Abend gemeinsam ein bisschen in die Welt der Bergleute eintauchen“, schlug Papa vor.

„Wie eine Gutenachtgeschichte“, freute sich Lilly.

„Nur dass es eine wahre Geschichte ist“, murmelte Nikolas.

Juni 1951

Die Maloche ist hart. Aber mit den Kumpels ist es erträglich. Heute Abend nehmen mich ein paar Jungs mit zum Fußballspielen. Es gibt ne eigene Mannschaft von der Zeche. Pöhlen konnte ich schon immer gut. Da werd ich es ihnen zeigen. Das wär ein Traum: Mit dem Werksverein die Meisterschaft holen. Davon könnte ich meinen Kindern noch erzählen!

„Schade, dass man gar nicht weiß, wie der Bergmann heißt“, meinte Lilly.

Papa sah sich das Heft von allen Seiten genau an: „Nee, hier steht wirklich nichts. Oder wartet, doch, hier auf der letzten Seite steht etwas: Erinnerungen von Josef.“

„Ich wüsste gerne, ob dieser Josef tatsächlich die Meisterschaft geholt hat, aber vielleicht erfahren wir es ja noch“, überlegte Nikolas.

„Ich freue mich auch auf die nächsten Tagebucheinträge“, sagte Lilly. „Denn da lernen wir bestimmt noch weitere interessante Wörter kennen. ‚Pöhlen‘ bedeutet doch bestimmt sowas wie kicken, oder? Nikolas, lass uns die Wörter notieren. Dann können wir sie zu Hause in unser Sprachdetektive-Heft aus dem Urlaub am Teutoburger Wald eintragen.“

„Gute Idee!“ Nikolas sah seine Schwester anerkennend an. „Anscheinend gibt es hier einen eigenen Dialekt. Der Mann an der Rezeption hat auch ein bisschen anders gesprochen als wir.“

ARSCHLEDER UND KÜBELMAJOR

„Wollen wir uns das mit der Kohle und den Bergwerken im Ruhrgebiet mal genauer anschauen?“, fragte Mama am nächsten Morgen beim Frühstück im Vorzelt. „Die Gegend hier war früher ein sehr bekanntes Steinkohlegebiet.“
„Au ja!“, freute sich Lilly. „Vielleicht fahren wir ja sogar zu dem Bergwerk, in dem Josef gearbeitet hat. Das würde ich total gerne sehen.“
„Heute fahren wir erst einmal zur *Zeche Nachtigall* ins Muttental, denn in dieser Gegend begann der Bergbau im Ruhrgebiet. Unser Josef kann dort allerdings nicht gearbeitet haben, da die Zeche bereits 1892 geschlossen wurde“, erklärte Mama.
„Hm, schade. Das wäre toll, wenn wir auf seinen Spuren reisen würden“, fand Nikolas.
„Das werden wir vielleicht auch noch. Hier gibt es jede Menge alter Zechen, die besichtigt werden können“, sagte Mama.

„Glück auf, Glück auf! Der Steiger kommt ...“, sang Papa, als sie sich mit dem Auto auf den Weg ins Muttental machten, in dem sich die *Zeche Nachtigall* befand.
„Muss das sein?“, murmelte Nikolas und zog genervt die Augenbrauen hoch.

„Das Bergmannslied über den Steiger, also die Aufsichtsperson in einem Bergwerk, gehört immerhin zum Weltkulturerbe der UNESCO“, sagte Papa und summte die Melodie weiter.
Schon bald waren sie am Parkplatz angekommen. Von dort aus mussten sie ein Stück laufen.
Im Maschinenhaus, in dem auch eine alte Dampfmaschine zu besichtigen war, kauften sie Eintrittskarten für eine Führung durchs Besucherbergwerk. Vorher hatten sie allerdings noch ein bisschen Zeit, sich draußen die Ausstellung über die Kleinzechen anzuschauen.
„Was ist das?“ Nikolas deutete auf ein zeltähnliches Konstrukt aus drei langen Balken, in deren Mitte eine Tonne auf zwei Schienen hing.
Mama sah sich die Informationen dazu an. „Auf den Kleinzechen wurde mit einer Tonne über eine Seilwinde die Kohle aus der Erde geholt. Eine solche Zeche wurde deswegen auch ‚Zeche Eimerweise‘ genannt. Die Bergleute sind auf Leitern in den Schacht geklettert. Es ging nicht so tief herunter. Die Kleinzechen wurden schnell eröffnet, aber häufig nach kurzer Zeit auch schon wieder geschlossen.“
„Für die Arbeiter wurden teilweise nicht einmal Umkleideräume eingerichtet“, ergänzte Papa. „Anfang der 1950er-Jahre gab es sehr viele dieser Kleinzechen. Die Wirtschaft wuchs und brauchte immer mehr Energie.“
„Josef hat doch in seinem Tagebuch etwas davon geschrieben, dass Leute fürs Bergwerk gesucht wurden. Ob er wohl auch auf so einer Kleinzeche war?“, überlegte Nikolas und ging in einen kleinen Ausstellungsraum. „Hier steht, dass man auf einer Kleinzeche gut verdient hat und dass die Arbeit sehr hart war. Das passt doch zu Josefs Text.“

„Ja, aber ich glaube, die Arbeit im Bergwerk war überall sehr anstrengend, auch wenn vielleicht die Schutzausrüstungen auf größeren Zechen besser waren.“ Mama betrachtete einen Lederhelm in einer Vitrine, der durch den Arbeitsschweiß stets so weich wurde, dass er keinen Schutz mehr bot.

Sie schauten sich noch die weiteren ausgestellten Gegenstände aus dem Arbeitsalltag der Bergleute an, und dann war es auch schon Zeit, zum Treffpunkt für die Führung zu gehen.

„Glück auf“, begrüßte sie eine Frau in weißer Bergmannsjacke und mit weißem Helm. In der Hand hielt sie eine Grubenlampe. „Ich bin Gisela und führe Sie heute durch das Bergwerk. Vorher muss jeder einen Helm aufsetzen. Der muss auch während der gesamten Führung auf dem Kopf bleiben.“ Sie reichte die Schutzhelme an die Besucher weiter.

„Du siehst lustig damit aus“, sagte Lilly und lachte, als sie ihren Bruder sah.
Nikolas streckte ihr die Zunge raus: „Selber!“ Schnell folgten sie der Gruppe zum Eingang des Bergwerks.
„Hier wurde schon vor über 300 Jahren nach Kohle gegraben“, sagte die Bergwerksführerin gerade. „Damals hat ein Tier dabei geholfen, die Kohle zu finden. Könnt ihr euch vorstellen, welches Tier das war?“
„Vielleicht ein Schwein? Die wühlen doch mit ihrem Rüssel in der Erde herum“, überlegte Nikolas.
„Zu Schweinen und Kohle gibt es tatsächlich auch eine Geschichte, aber ich meinte den Maulwurf. Das waren richtige Kohle-Spürnasen. Die Bauern untersuchten die Maulwurfshügel, und wenn sie dabei einen Hügel mit schwarzem Kohlenstaub entdeckten, wussten sie, dass es sich lohnte, an dieser Stelle zu graben“, berichtete Gisela. „Es gab also zunächst noch keine Bergwerke, sondern es wurden nur Löcher gegraben, um an die Kohle zu kommen. Später hat man dann waagerechte Gänge, also Stollen, in den Berg gehauen. Und noch später ging es mit Hilfe von Dampfmaschinen 450 Meter in die Tiefe.“
„Gehen wir jetzt auch so tief unter die Erde?“, fragte Lilly gespannt, und ein kleines Mädchen verzog bei der Frage ängstlich das Gesicht.
„Nein, keine Sorge“, beruhigte die Museumsführerin die Gruppe. „Unser Stollen führt ebenerdig in den Berg hinein. Kommen Sie doch bitte alle mit. Dann fahren wir ein.“
„Womit fahren wir denn in den Berg? Mit einer Bahn?“, wollte ein Junge in Lillys Alter wissen.

„Nein, wir gehen zu Fuß hinein, aber in der Bergmannssprache nennt man das immer ‚einfahren'". Gisela öffnete das Holzgitter, und alle folgten ihr auf einem Weg mitten durch das Bergwerk. Über den Boden führten Schienen. Die Wände waren mit Holzbalken abgestützt.

„Ui, jetzt verstehe ich, warum wir die Helme auf dem Kopf lassen müssen", sagte Papa und bückte sich vorsichtshalber ein wenig. Die Decken waren hier überall sehr niedrig.

Die Museumspädagogin lachte. „Später werden sich die Erwachsenen noch richtig bücken müssen. Jetzt verlassen wir das Bergwerk aber noch einmal kurz."

Durch ein Eisengittertor gelangte die Gruppe in einen Steinbruch.

„Schauen Sie sich den Felsen mal genau an. Dann können Sie einen schmalen schwarzen Streifen erkennen", forderte Gisela sie auf.

„Ich kann ihn sehen!", freute sich Lilly.

Auch Nikolas hatte ihn entdeckt. „Cool, ist das etwa Kohle?"

„Ja, genau, das ist ein Kohlestreifen, ein sogenanntes Flöz. Es ist allerdings nicht mächtig genug. Das heißt, es lohnt sich nicht, die Kohle abzubauen." Gisela zeigte mit dem Finger auf die Kohle im Gestein. „Wir werden uns jetzt die Arbeit im Bergwerk ein wenig genauer anschauen. Aber warum können wir dort überhaupt hineingehen, ohne dass uns die Decke auf den Kopf fällt?"

„Da sind überall Holzbalken", rief ein älteres Mädchen.

„Richtig, alles ist mit Holz abgestützt. Und wenn man dafür eine besondere Holzart genommen hat, dann wurde gleichzeitig eine Art Alarmanlage mit eingebaut. Fichtenholz ist sehr weich. Der Stempel, also der Holzbalken, kam 30 Zentimeter in die Erde hinein. Wenn das Holz zu brechen drohte, dann knackte schon lange vorher die Spitze. Das härtere Holz der Laubbäume knackt nicht so laut. Es gibt dazu einen Spruch: Fichte spricht, bevor sie bricht – suche schnell das Tageslicht!", erzählte Gisela und klopfte an einen der Holzstempel. „Von den Stempeln hatten übrigens auch die Hausfrauen etwas. Den abgesägten Holzabschnitt, der Mutterklötzchen genannt wird, nahmen die Bergleute mit nach Hause, sodass die Mutter damit den Ofen anfeuern konnte."

„Mutterklötzchen, komischer Begriff", fand Lilly.

„Ja, das stimmt. Aber ihr werdet gleich noch ein paar andere Wörter hören, von denen manche schon ein bisschen schlimm klingen. Da traue ich mich kaum, sie vor Kindern zu sagen, aber sie gehören nun mal zur Bergmannssprache dazu."

Nun waren alle Kinder natürlich ganz besonders gespannt.

„Das Leder, das man als Schutz über die Hose zog, heißt zum Beispiel Arschleder, und da vorne die Schippe wurde Weiberarsch genannt. Und wisst ihr, wozu dieser Eimer hier benutzt wurde?", wollte Gisela wissen.

Nikolas zuckte mit den Schultern. „Vielleicht als Mülleimer?"

„Nicht ganz." Gisela schüttelte den Kopf. „Das war die Toilette der Bergleute, der sogenannte Scheißkübel. Es gab die Kübelmajore, die sich darum kümmern mussten, dass der Eimer geleert wurde."

Lilly und Nikolas rümpften angewidert die Nase, und ein paar der Erwachsenen lachten.

Die Gruppe bog in einen anderen Gang ein. Auf schiefem Untergrund folgten sie den Schienen und kamen an einer mit Kohle gefüllten Lore, einem Kohlewagen, vorbei.

„Hier ist es ganz schön eng und dunkel“, stellte Lilly fest.

„Ja, du hast recht, ich finde es ziemlich beengend“, meinte Mama hinter ihr und vergaß dabei, auf den Weg zu achten. Klonk! Ihr Helm stieß oben an einen der Balken. „Ups, hier ist die Decke jetzt aber wirklich niedrig.“ Sie zog den Kopf ein und ging nun in gebückter Haltung hinter den anderen her.

„Den Ort, an dem die Kohle abgebaut wird, nennt man Streb. Man strebte sozusagen nach der Kohle. Daher kommt auch das Wort Streber. Hier mussten die Bergleute in den Streb hineinkriechen und dann dort ohne Ohrenschutz mit dem Presslufthammer im Liegen die Kohle herausholen. Das war wirklich eine harte Arbeit“, meinte Gisela.

„Das kann ich mir vorstellen!“, sagte Nikolas und dachte an Josef, der im Bergwerk Geld verdienen musste, obwohl er, wie es klang, noch recht jung war.

„Hinzu kommt, dass hier im Stollen eine ziemliche Dunkelheit herrschte.“ Nach einer kurzen Vorwarnung schaltete Gisela das Licht aus, und nur noch die Grubenlampe sorgte für ein bisschen Helligkeit.

„Man sieht ja kaum noch etwas“, stellte Nikolas fest und spürte an der Seite Lillys Hand, die nach ihm tastete. Mit weinerlicher Stimme forderte ein kleiner Junge: „Ich will wieder was sehen“. Kurz darauf wurde es wieder hell.

„Zum Abschluss würde ich gerne noch mit allen gemeinsam das Steigerlied singen“, schlug Gisela vor. Den Anfang konnten Lilly und Nikolas dank Papas Gesangseinlage im Auto sogar mitsingen: „Glück auf, Glück auf! Der Steiger kommt ...“ Einige der anderen Kinder sangen sogar die ganze erste Strophe lauthals mit. Dann ging es wieder nach draußen.

Papa wollte sich im Anschluss noch im Informationszentrum des *GeoParks Ruhrgebiet* umschauen.

„Och nö, ich bin müde“, meinte Lilly und zog einen Flunsch.

„Dann suchen wir beide schon mal im Café etwas zum Essen für alle aus, und Papa und Nikolas gehen allein. So lange wird es schon nicht dauern“, schlug Mama vor.

Nikolas folgte Papa in den Raum der kleinen Ausstellung. Er sah sich interessiert die vielen Zeichnungen und Modelle an und fuhr mit den Fingern über verschiedene Gesteinsarten. „Oh, hier wird ja auch ein Film gezeigt.“ Neugierig ging er zu dem Bildschirm und erfuhr etwas über die Entstehung der Kohle. „Das werde ich direkt mal Mama und Lilly erzählen“, rief er, als der Film zu Ende war. Schnell lief er mit Papa ins Freie. Sie entdeckten Mama und Lilly an einem Tisch in der Sonne sitzend. Vor ihnen standen Teller mit Currywürsten und Flaschen mit Limo.

„Wusstet ihr, dass Kohle eigentlich aus Pflanzen besteht?“, fragte Nikolas.

Mama nickte, aber Lilly schüttelte den Kopf: „Ich dachte, dass Kohle so eine Art Stein ist.“

„Vor 300 Millionen Jahren, in der Karbonzeit, wuchsen hier Wälder“, begann Nikolas und sah Papa fragend an. „Was waren das noch mal für Pflanzen?“

„Schachtelhalme, Schuppenbäume und Farne“, half Papa aus.

„Ja, genau, und als diese starben, versanken sie im Sumpf“, übernahm nun wieder Nikolas das Erzählen. „Dort konnten sie nicht verrotten, weil es nicht genügend Sauerstoff gab. So wurde aus den Pflanzen Torf. Die Sümpfe wurden von Flüssen und Meeren überschwemmt, die auch Sand und Geröll mitbrachten. Das lagerte sich dann alles auf den Torfschichten ab. Durch das Gewicht, den Druck und die Temperatur unter der Erde wurde dann irgendwann aus dem Torf Braunkohle und noch später Steinkohle.“

„Das hast du dir aber gut gemerkt“, lobte Mama.

„Ja, ich bin fast schon ein Kohle-Experte“, grinste Nikolas und ließ sich die Currywurst schmecken.

LILLY UND NIKOLAS ALS BERGLEUTE AUF DER ZECHE KNIRPS

Nach dem Essen durften Lilly und Nikolas noch am Bachlauf *Kleine Ruhr* spielen. Während die Kinder das Wasser stauten und dafür sorgten, dass sich die Wasserräder drehten, schauten sich Mama und Papa den nachgebauten Ruhrnachen an. Mit so einem Lastschiff aus Holz wurde früher die Kohle über die Ruhr zu den Häfen gebracht.

„Lilly, Nikolas, lasst uns mal weiterfahren. Dann könnt ihr gleich auf der *Zeche Knirps* selbst als Bergleute aktiv werden“, rief Mama die Kinder nach einer Weile, und sie machten sich auf den Rückweg zum Auto.

Die *Zeche Knirps* entpuppte sich als ein Spielplatz, der als Kinderbergwerk eingerichtet war. Er befand sich beim Industriemuseum *Zeche Hannover* in Bochum.

„Den Namen erhielt die *Zeche Hannover* übrigens nach dem Wohnsitz ihres Gründers“, informierte Papa die Kinder, die ihm jedoch kaum zuhörten.

„Der Eingang sieht ja fast genauso aus wie bei der *Zeche Nachtigall*“, rief Nikolas begeistert, und beide Kinder rannten darauf zu. Durch einen kleinen Gang kamen sie zu einem Streb. Vorsichtig kroch Lilly hinein, und Nikolas reichte ihr eine rote Schaufel, die auf dem Boden lag: „Dann fang mal an, die Kohle rauszuholen.“

ZECHE KNIRPS
KINDERBERGWERK

Lilly lachte und versuchte, den Kies aus der Ecke wegzuschaufeln. „Puh, das ist gar nicht so einfach, wenn man hier hockt." Nach einer Weile kam sie wieder heraus, und sie gingen weiter ins Kinderbergwerk hinein.
„Ah, hier müssen wir die Kohle aufs Förderband schaufeln." Nikolas schnappte sich nun ebenfalls eine Schaufel, und gemeinsam häuften sie immer mehr Kies auf das Band.
„Mama, komm mal. Du musst uns helfen", bat Lilly. „Kannst du mal die Kohle weiterbefördern?"
Mama wollte gerade loskurbeln und so das Förderband in Gang setzen, als Papa sie stoppte. „Wartet, ich bringe euch erst noch einen Wagen, um die Kohle weiterzubefördern." Er schnappte sich einen der Wagen, die von Schienen an der Decke herunterhingen. Langsam zog er den Wagen in ihre Richtung. Nikolas kam ihm zu Hilfe und schob von hinten mit.
„Ich sehe, hier wird schon fleißig zusammengearbeitet. Nur so funktioniert es im Bergwerk", sagte auf einmal ein Mann hinter ihnen. Als sie sich zu ihm umdrehten, stellte er sich vor: „Hallo, ich bin Paul und arbeite hier im Museum und auf der *Zeche Knirps*. Gleich könnt ihr die ganze Kohle dort im Wagen zum Förderkorb bringen und nach oben befördern. Dafür müsste aber einer als Maschinist den Seilzug betätigen."
„Das mache ich", riefen Lilly und Nikolas gleichzeitig. Paul lachte. „Dann kommt mal mit nach oben. Ich zeige euch, was dort zu tun ist."
„Maschinist ist ein super Job", bemerkte Nikolas, als er zwei Sitze mit Pedalen davor sah. „Dabei kann man sitzen."

„Wartet, bis ihr das Signal hört, und dann könnt ihr loslegen", sagte Paul. Von unten kam ein lautes Gepolter. Kurz darauf erklang ein Klingeln, und die Kinder traten auf den Maschinistensitzen kräftig in die Pedale, um den Förderkorb nach oben zu schaffen, damit die Kohle anschließend in Loren weitertransportiert werden konnte.
„Ich brauche jetzt erst mal eine kleine Pause", meinte Mama, nachdem sie noch eine ganze Weile die Arbeitsabläufe durchgespielt hatten. Auch die anderen ruhten sich nur zu gern bei Äpfeln und Keksen auf einer Bank aus. „Mir tun auch echt schon die Hände vom Schaufeln weh." Nikolas rieb seine Handflächen aneinander.
Anschließend spielten Lilly und Nikolas noch eine Weile auf dem Spielplatz, bevor sie wieder zum Campingplatz fuhren.

Da es noch gar nicht so spät war, machten sich Lilly und Nikolas auf die Suche nach anderen Kindern. „Sollen wir da hinten mit Fußball spielen?", fragte Nikolas seine Schwester.
„Von mir aus." Lilly zuckte mit den Schultern.

„Können wir mitspielen?“ Nikolas sah die Kinder auf der Bolzwiese fragend an. Ein Junge kam zu ihnen. Erstaunt sah Nikolas ihn an: „Lukas?“

Der Junge lachte. „Nikolas! Ich hätte nie gedacht, dass wir uns nach unserem Urlaub im Teutoburger Wald noch mal wiedersehen!“ Er drehte sich zu den Kindern auf dem Spielfeld um: „Marie, Maxi, kommt mal her und schaut, wer auch hier ist.“

Neugierig kamen seine Geschwister angelaufen, und dann gab es eine freudige Begrüßung. „Macht ihr etwa auch Urlaub hier im Ruhrgebiet?“, fragte Nikolas erfreut.

„Man gönnt sich ja sonst nichts“, verkündete Maxi grinsend und erinnerte sie damit alle an den Sprüche klopfenden Herbergsvater Reinhard im Teutoburger Wald.

„Sprichst du etwa immer noch so verrückt?“, wollte Lilly wissen.

„Ich glaube, ich lege hier noch mal ein paar Reinhard-Tage mit Sprichwörtern ein“, erwiderte Maxi fröhlich.

Seine große Schwester Marie verdrehte die Augen. „Das kann ja heiter werden.“

„Dann lasst uns jetzt mal lieber weiterspielen“, meinte Lukas. „Nikolas, du kannst in der Mannschaft von Maxi, Selina, Yassin und Adam mitspielen, und du, Lilly, machst bei Marie, Joel, Adrian und mir mit“, gab er ihnen einen Überblick.

Lilly und Nikolas nickten und liefen auf die Spielfeldhälften. Das Spiel ging bis spät in den Abend hinein weiter.

Zurück im Wohnwagen, freute sich die ganze Familie darauf, mehr von Josef zu erfahren. Dieses Mal durfte Mama vorlesen.

August 1951

Morgen geht es das erste Mal unter Tage. Man sollte es nicht glauben, aber ich hab echt Bammel vor der ersten Seilfahrt. Soll nicht so angenehm sein. Es geht fast 1000 Meter in die Tiefe. Die ganze Erde über mir und ich tief unten. Ich hab mit keinem drüber gesprochen, aber ich weiß, daß es den anderen genauso geht. Gemeinsam werden wir es irgendwie schaffen.

Immer noch August 1951

Nun bin ich ein Bergmann unter Tage. Bei der ersten Grubenfahrt ist mir schlecht geworden. Allein das laute Rattern des Förderkorbs war mir nicht geheuer. Peinlich, die anderen haben gesehen, daß ich ein bisken blässkes um die Nase war. Gesagt hat niemand was. Aber ich fühl mich schwach. Ich bin doch der Sohn, der das Geld nach Hause bringen soll. Und dann kipp ich bei der Fahrt in die Tiefe fast um.

„Seilfahrt – klingt also so, als wäre Josef doch nicht auf einer Kleinzeche gewesen“, stellte Nikolas fest.

„1000 Meter unter der Erde? Das ist echt tief!“, fand Lilly.

„Der arme Kerl!“ Mama schüttelte sich bei dem Gedanken an das beengende Gefühl im Bergwerksstollen.

WELTREISE DURCH DIE ZOOM ERLEBNISWELT

„Heute verlassen wir mal für einen Tag das Ruhrgebiet und reisen nach Alaska, Afrika und Asien“, verkündete Papa am nächsten Morgen.
„Wie soll das denn gehen?“ Nikolas tippte sich mit dem Finger an die Stirn.
„In der *ZOOM Erlebniswelt* ist das kein Problem.“ Papa blieb weiter geheimnisvoll.
Mama sah ihre Kinder an und fügte gnädig hinzu: „Die *ZOOM Erlebniswelt* ist ein Zoo in Gelsenkirchen, in dem es die drei Themenbereiche Alaska, Afrika und Asien gibt.“
„Juchu!“, freuten sich Lilly und Nikolas.
Am Eingang kaufte Mama ihnen ein „ZOOM-Erlebnisheft“, in dem man Informationen zu einigen Tieren bekam und rätseln konnte.
„Dann kommt mal mit nach Alaska“, forderte Papa die Familie auf, und gemeinsam machten sie sich auf den Weg ins Abenteuer.
„Baumstachler? Das klingt ja lustig“, meinte Lilly mit einem Blick auf das Schild am Gehege.
„Die sehen auch total komisch aus.“ Nikolas zeigte auf ein Tier, das oben in einer kleinen Holzkiste saß.
Lilly lachte. „Irgendwie zerrupft und strubbelig, aber auch richtig knuffig.“

„Hier steht, dass sie ihren stacheligen Schwanz wie eine Keule zur Verteidigung einsetzen." Nikolas deutete auf eine Seite im Erlebnisheft. Dann lief er schnell hinter dem Rest der Familie her.
„Müssen wir da rübergehen?" Lilly zeigte mit großen Augen auf eine Hängebrücke, die über das Gewässer im Bärengehege führte.
„Wir können die Brücke nehmen, aber man kann auch einen anderen Weg gehen", stellte Mama fest. Sie blieb lieber auf festem Boden.
Nach kurzem Zögern schloss sich Lilly aber Papa und Nikolas an, die auf die Brücke zusteuerten. Langsam setzte sie einen Fuß vor den anderen und hielt sich dabei am Netz fest. „Puh, geschafft!" Erleichtert atmete sie auf. Erst jetzt entdeckte sie den Wasserfall, der hier in die Tiefe stürzte. „Wow!", staunte sie.
„Ja, man fühlt sich hier fast so, als wäre man wirklich in Alaska", meinte Mama und zeigte nach vorne. „Jetzt kommen die Seelöwen. Denen könnte ich stundenlang beim Schwimmen und Tauchen zusehen."
Nachdem sie auch die Eisbären aus der Nähe betrachtet hatten, stellten sie sich an der Schlange zum Alaska Ice Adventure an. „Was passiert hier?", wollte Lilly wissen.
„Ich weiß es auch nicht. Lassen wir uns überraschen", erwiderte Papa. Nach einer kurzen Wartezeit betraten sie ein großes Iglu. Sie mussten sich hinter ein Geländer zum Festhalten

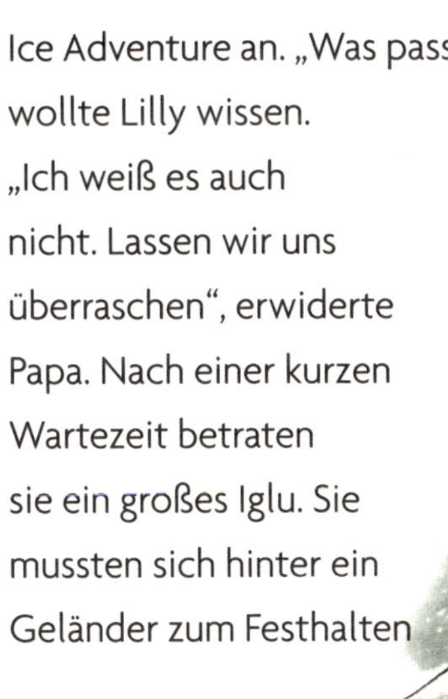

stellen, sodass sie aus den Fenstern des Iglus auf eine Leinwand blicken konnten. Und dann ging es los. Sie sahen, wie sich das Iglu von seinem Platz löste und bergab durch die Schneelandschaft rutschte. „Aaah", schrie Lilly. Der Boden unter ihr bewegte sich!
Auch Nikolas hielt sich jetzt ordentlich an der Stange vor ihm fest. Es wankte und wackelte. „Wir sind im Meer gelandet!" Nikolas kniff kurz die Augen zusammen. Das Iglu steuerte unaufhaltsam auf eine Eisscholle zu. Es knirschte und knackte.
Auf einmal tauchten Robben vor ihnen auf. „Nein", schrie Lilly entsetzt, als sie die jagenden Orcas sah. Zum Glück hatten auch die Robben die Gefahr erkannt und flohen.
Das Iglu raste weiter hinab. Nikolas stellte sich etwas breitbeiniger hin, um das Gleichgewicht besser halten zu können. Dann wurde es endlich ruhiger, und schließlich blieb das Iglu stehen. Lilly und Nikolas atmeten einmal tief aus, sahen sich an und riefen gleichzeitig: „Nochmal!"
Nach einer weiteren Runde beendeten sie bei den Wölfen und Elchen ihren Alaska-Rundgang und landeten in Afrika. „Hier sind wir ja in einer ganz anderen Welt", stellte Mama fest und deutete auf die Wege mit roter Erde.
Für die Löwen, Zebras, Strauße und Giraffen nahmen sich Lilly und Nikolas nur wenig Zeit, denn sie hatten gesehen, dass man eine kleine Bootssafari um die Affeninsel machen konnte.
Dabei hatten sie nicht nur einen prima Blick auf die Paviane, sondern sahen auch Nashörner und Flamingos.
Dann machten sie eine Essenspause.
„Und was gibt es in Asien so alles zu sehen?", wollte Lilly wissen, nachdem sie die letzten Pommes in den Mund gesteckt hatte.

„Orang-Utans, Tiger, Trampeltiere ...“, begann Mama.
„Los, lasst uns gleich dort hingehen“, unterbrach Nikolas sie, und schon machten sie sich mit einem kurzen Abstecher durch das Affenhaus auf den Weg zu den Tieren aus dem Dschungel.
Beim Tiger hatten sie großes Glück. Er lag schlafend direkt hinter der Scheibe. „Was für große Tatzen er hat!“, staunte Lilly.
„Er ist ja auch das drittgrößte Landraubtier“, teilte Nikolas sein Wissen aus dem Heft mit dem Rest der Familie.
Gemeinsam gingen sie durch das Tropenparadies, doch nachdem sie sich die Vogelspinnen angeschaut hatten, zog es Lilly und Nikolas weiter ins Drachenland.
Dort eroberten sie als Erstes das große Holzschiff. „Wie cool, man kann ja sogar ins Maul des Drachens klettern!“ Nikolas stieg die Holzplanke zum mächtigen violetten Drachenkopf hinauf. Grinsend hockte er sich zwischen die Zähne. „Lilly, komm auch. Von hier aus können wir weiter klettern.“
Schnell folgte Lilly ihm, und gemeinsam krochen sie durch die Drahtröhre, die sie in ein Haus auf Stelzen brachte. Begeistert entdeckten sie viele verschiedene Wege und weitere Röhren zu anderen Häusern.
Am liebsten hätten sie noch stundenlang weitergespielt, aber Mama und Papa wollten sich noch die Orang-Utans ansehen. Anschließend ging es zurück zum Campingplatz.
„Das war ein toller Tag“, meinte Lilly im Auto.
„Ob Josef hier wohl auch solche Abenteuer erlebt hat?“, überlegte Nikolas. „Ich meine, den Zoo gab es damals so natürlich noch nicht, aber vielleicht einen anderen Zoo oder irgendwelche Ausflüge. Das

wäre doch neben der ganzen Arbeit sicher schön gewesen."

„Ich kann mir kaum vorstellen, dass für so etwas Geld da war. Andererseits wurden auch Parks und andere Anlagen geschaffen, um für die Erholung der Menschen hier zu sorgen", sagte Papa.

Ob sie heute Abend in Josefs Tagebuch mehr über das damalige Alltagsleben im Ruhrgebiet erfahren würden?

November 1951

Die Arbeit ist weiterhin hart. Mir tun alle Gelenke weh. Die Arbeit mit dem Preßlufthammer ist richtig anstrengend. Das Gerät wiegt unglaublich viel, und der ganze Körper wird durchgeschüttelt. Meine Ohren dröhnen auch. Es ist heiß und dunkel da unten. Im letzten Streb kamen wir nur kriechend auf allen Vieren voran. Mein Rücken ist voller Schürfwunden. Wir wechseln uns ab. Mal steh ich am Preßlufthammer, und mal schippe ich die Kohle auf die Wagen. Wir halten alle zusammen. Trotz der Schufterei ist es wie eine Familie da unten, eine eigene kleine Welt. Es ist verrückt, aber ich gehe gerne zur Arbeit.

März 1952

Wieso mache ich diese Arbeit noch? Ich konnte die letzten Nächte nicht schlafen. Immer wieder höre ich das Krachen der Knochen. Günther wollte sich zwischen zwei Kohlewagen durchquetschen. Hatte es eilig. Dann hat sich die Lok bewegt. Diagnose: Gebrochener Beckenknochen. Gleich geh ich erst mal mit ein paar Kumpels beim Günther vorbei. Er kann jetzt ne Tüte mit ein paar Leckereien und nem Fläschken Wacholder gut gebrauchen.

WENN DIE SUPPE AUS DEM TELLER LÄUFT

„Heute lernen wir im *Ruhr Museum* in Essen das Ruhrgebiet mal von allen Seiten kennen“, freute sich Mama im Auto.

Als sie zum Eingang des Museums kamen, blieb Lilly abrupt stehen. „Wow, so eine lange Rolltreppe!“ Sie mussten damit 24 Meter hinauf in die ehemalige Kohlenwäsche der *Zeche Zollverein* fahren.

„Was wurde denn früher hier gemacht?“, wollte Nikolas wissen.

„Hier hat man die Kohle von den Steinen getrennt“, antwortete Papa, während er seine Kamera auspackte. „Wahnsinn, wie die Rolltreppe mit den orangefarbenen Lichtern aussieht!“ Er machte schnell ein paar Fotos, bevor sie sich an der Kasse Eintrittskarten kauften und eine Museumstasche ausliehen.

„Sollen wir die erste Aufgabe gleich erledigen?“, fragte Lilly ihren Bruder und nahm die Puzzleteile sowie das Heft mit den Fragen und Aufgaben aus der Tasche.

„Gar nicht so einfach“, meinte Nikolas, doch gemeinsam schafften sie es, das Ruhrgebiet zusammenzupuzzeln.

„Hier könnt ihr gut sehen, welche Städte zum Ruhrgebiet zählen.“ Mama deutete auf Dortmund, Essen, Bochum, Duisburg, Gelsenkirchen und Oberhausen.

Nikolas nickte und notierte sich auch die Flussnamen im Heft: Rhein, Lippe, Emscher und Ruhr.

„Warum heißt das Ruhrgebiet eigentlich Ruhrgebiet? Mitten durch die Gegend fließt doch die Emscher“, stellte er verwundert fest.
„Der Name ist entstanden, weil sich der Steinkohleabbau, der ja für diese Region prägend war, von der Ruhr aus entwickelt hat“, warf Papa von der Seite ein.
Interessiert schauten sie sich die vielen Fotowände in der Ausstellung an, die verschiedene Seiten des Ruhrgebiets zeigten.
„Gibt es hier etwa auch Berge?“ Erstaunt zeigte Nikolas auf ein Snowboard in einer Vitrine.
„Nein, aber eine Skihalle in Bottrop.“ Lilly blieb vor der Abbildung stehen, neben der weitere Freizeitbilder hingen. „Guckt mal, hier hängt sogar ein Bild vom Campen. Wir machen also etwas richtig Ruhrgebietstypisches.“
„Stimmt, und hinter unserem Campingplatz fließt – wie auf dem Foto – die Ruhr entlang, sodass man das Gefühl hat, mitten in der Natur zu sein“, stellte Nikolas fest.
„Jetzt müssen wir nur noch die Kaninchen-Medaille finden.“ Lilly machte sich auf die Suche nach der Auszeichnung eines Kaninchenzüchters.
„Hier wurden nicht nur Kaninchen gezüchtet. Es gab auch richtig viele Brieftauben“, berichtete Nikolas seiner Schwester, nachdem sie das Gesuchte neben vielen anderen Pokalen entdeckt hatten. „Ah, deswegen ist in der Tasche auch eine Taubenfeder.“ Vorsichtig nahm Lilly die Feder heraus und strich mit den Fingern darüber.
„Jetzt lass uns mal schauen, welches das tollste Erinnerungsstück im nächsten Raum ist“, forderte Nikolas Lilly auf und rief kurz darauf: „Boah, ich weiß schon, was ich am besten finde!“ Er blieb vor einem

Riesen-Schachtelhalm im Gestein stehen. „Der ist schon 317 Millionen Jahre alt!"

„Kommt mal her und schaut euch an, was der Bergbau so alles anrichtet." Papa zeigte auf einen Suppenteller in der Mitte einer Vitrine, der nur halb gefüllt werden konnte, da er sonst überlief.

„Oje, das ganze Haus steht durch die Bergsenkung schief", las Nikolas das dazugehörige Infoschild vor. „Das muss ja total nervig gewesen sein! Dann rollt ja jeder Ball weg, und man fällt ständig aus dem Bett."

Sie durchquerten als Nächstes die geschichtliche Ausstellungsebene, in der es unter anderem Fundstücke aus der Eis- und der Steinzeit zu sehen gab, und begaben sich dann in die jüngere Vergangenheit.

„Ah, nun kommen wir also zur Kohle!" Nikolas betrachtete das Stück Steinkohle und den Schachtelhalm aus der Tasche und reichte Lilly die Materialien, mit denen man ein Karbon-Fossil auf ein Blatt Papier übertragen konnte. „Erinnerst du dich, dass ich euch erzählt habe, dass die Kohle aus den Karbonwäldern entstanden ist?"

Lilly nickte. Sie legte das Papier auf den Abguss eines Fossils und strich vorsichtig mit dem Bleistift über die Stelle. „Es funktioniert! Siehst du das Fossil auf meinem Bild?"

„Cool! Und ich suche schon mal das Erkennungszeichen des Bergbaus", sagte er und verschwand zwischen den Ausstellungsobjekten.

„Was meint er damit?", fragte Lilly.

„Schlägel und Eisen", antwortete Mama. „Sie sind immer übereinander gekreuzt dargestellt. Ihr könnt sie sicher an vielen

Stellen hier im Museum entdecken.“ Sie zeigte auf einen Bergmannshut, auf dem das Zeichen zu sehen war.

Zusammen schauten sie sich viele Gegenstände aus der Welt der Bergleute an.

„Wer ist das denn?“ Nikolas deutete auf eine mannshohe Statue. Papa beugte sich nach vorn, um das Schildchen zu lesen. „Ah, das ist Alfred Krupp. Er hat schon als 14-Jähriger die Fabrik seines verstorbenen Vaters übernommen und baute sie zu einer der führenden Stahlfabriken in Europa aus. Neben der Kohle war Stahl ein wichtiger Industriezweig im Ruhrgebiet. Ein weiteres erfolgreiches Unternehmen wurde von August Thyssen geführt. Mittlerweile haben sich beide Unternehmen zusammengeschlossen, und Thyssenkrupp ist heute Deutschlands größter Stahlhersteller, übrigens immer noch mit Sitz im Ruhrgebiet.“

„Hier gab es ganz schön viele Fabriken, oder?“, fragte Lilly.

„Ja, ich muss zugeben, dass ich das Ruhrgebiet sofort mit Industrie und Bergbau in Verbindung bringe“, sagte Papa. „Aber da hat sich mittlerweile einiges geändert. Steinkohle wird ja zum Beispiel in Deutschland gar nicht mehr abgebaut.“

„Die Frauen haben damals übrigens auch eine wichtige Rolle gespielt“, meinte Mama. „Ohne ihre fleißige und schwere Arbeit zu Hause und im Garten hätte das Ganze nicht funktioniert.“ Sie deutete auf die ausgestellten Waschbretter. „Ich bin froh, dass die Hausarbeit nicht mehr ganz so anstrengend ist. Und zum Glück teilen wir sie uns auf.“ Sie zwinkerte Papa zu und legte Lilly und Nikolas je einen Arm um die Schulter. So verließen sie gemeinsam das Museum und schauten sich noch kurz im Shop um.

Mama nahm ein Ruhr Museum-Memospiel aus dem Regal. „Das ist doch eine schöne Erinnerung, und wir haben abends auf dem Campingplatz noch etwas zum Spielen.“

„Wow, das hier ist ein richtiger Förderturm", meinte Lilly und biss von ihrem Brot ab. Sie hatten es sich auf dem Gelände des Zollvereins in der Sonne gemütlich gemacht, um zu picknicken.
„Ich glaube, das ist ein Doppelbock-Fördergerüst. Damit konnte man durch die besondere Konstruktion doppelt so viel Kohle fördern", sagte Mama.
„Und was machen wir jetzt?", wollte Nikolas wissen, als alle satt waren.
„Da wir gleich noch zur Kokerei dort drüben wollen, können wir auf dem Weg dorthin ein bisschen Soccer-Golf spielen und Bälle durch die Tore auf der Anlage schießen", schlug Papa vor. Lilly und Nikolas flitzten zu einem Häuschen, um sich dort Bälle und Punktekarten auszuleihen.
„Ah, hier geht anscheinend gerade eine Führung los", meinte Mama, als sie auf dem Weg zur ersten Station an einer größeren Gruppe vorbeikamen.
Mit dem Ball unter dem Arm blieb Nikolas stehen und lauschte, wie die Museumspädagogin die Familien begrüßte.
„Willkommen bei der Familienschicht auf der *Zeche Zollverein*! Ihr wisst ja sicherlich, dass dies nur eine von vielen Führungen ist, die wir hier anbieten. Besonders spannend sind die Führungen, die von ehemaligen Bergleuten durchgeführt werden. Ach, schaut mal, da vorne, der Max hat auch mal im Bergwerk gearbeitet." Die Frau winkte einem älteren Mann zu, der über das Gelände schlenderte.
„Ob der wohl mal mit Josef zusammengearbeitet hat?", flüsterte Lilly Nikolas zu.

Dieser schüttelte etwas unwirsch den Kopf. „Das glaube ich nicht. Es gab doch so viele Zechen hier im Ruhrgebiet, und Josef hat schon vor ziemlich langer Zeit gearbeitet."

„Aber es kann doch trotzdem sein." Lilly ließ nicht locker.

„Dann frag ihn doch einfach!", forderte Nikolas seine Schwester genervt auf.

„Das mache ich auch!" Nach einem kurzen Zögern lief Lilly hinter dem Mann her. Nikolas sah ihr mit großen Augen nach.

„Entschuldigung, ich habe gehört, dass Sie im Bergwerk gearbeitet haben. Kennen Sie zufälligerweise einen Bergmann, der Josef heißt?", fragte Lilly und hielt vor Aufregung die Luft an.

Der Mann schaute sie verdutzt an. Dann lachte er. „Ich kenne viele Bergmänner, aber einen Josef? Hm, da fällt mir jetzt wirklich keiner ein."

„Schade, trotzdem danke." Etwas enttäuscht lief Lilly zu den anderen zurück.

„Die Wahrscheinlichkeit war ja auch sehr gering." Tröstend strich Papa ihr über den Kopf. „Jetzt lasst uns mal schauen, wer von uns die Tore am besten trifft."

VON KOHLE ZU KOKS IN DER KOKEREI ZOLLVEREIN

„Habt ihr nicht gesagt, dass wir noch zur Kokerei gehen?", fragte Nikolas, nachdem Lilly als Siegerin des Soccer-Golfs feststand.

„Ja, wir haben Karten für eine Führung", erwiderte Mama und nahm alle mit zum Treffpunkt, an dem bereits ein paar andere Familien warteten.

„Was ist überhaupt eine Kokerei?", wollte Lilly wissen.

„In einer Kokerei wird Kohle weiterverarbeitet. Gleich erfahren wir bestimmt mehr darüber", sagte Papa.

„Auf jeden Fall", sagte eine Frau lachend, die in dem Moment zu der Gruppe trat. „Ich bin Desirée und werde euch heute ein wenig über die Arbeit in einer Kokerei erzählen." Sie wandte sich an die Kinder: „Wisst ihr eigentlich, was man mit Kohle macht?"

„Heizen!", rief Nikolas, und ein anderer Junge ergänzte: „Ich glaube, man kann mit Kohle Strom erzeugen."

„Prima", lobte Desirée. „Vor allem aber stellte man aus Kohle Koks her, und dafür ist eine Kokerei da. Die *Kokerei Zollverein* war bis 1993 in Betrieb."

„Und was ist Koks?", wollte Lilly wissen.

„Koks ist ein Brennstoff, den man benötigt, um hohe Temperaturen zu erzeugen. Kommt mal kurz mit rein, dann schauen wir uns das Ganze an." Desirée schritt voran und stellte ein Holzkästchen auf den Tisch, das in vier Bereiche unterteilt war.

„Bergwerk, Kokerei, Hochofen und Konverter“, las Nikolas vor, während ein Mädchen die vier Klappen öffnete.

„Genau, diese vier Betriebe hängen miteinander zusammen. Was bekommt man aus dem Bergwerk?“, fragte Desirée die Gruppe.

„Kohle!“, rief Lilly stolz.

„Genau. Die Kohle wird dann in der Kokerei weiterverarbeitet zu Koks. Anschließend wird im Hochofen Eisenerz mit Hilfe von Koks zu Eisen geschmolzen und in einem großen Tiegel, einem Konverter, wird dann aus Eisen Stahl“, erklärte die Museumspädagogin den Zusammenhang der industriellen Betriebe. „Kann vielleicht einer von euch die Produkte in die richtigen Kästchen einsortieren?“

Nikolas meldete sich. Als Erstes legte er den glatten Stahl in das Kästchen mit der Aufschrift „Konverter". Somit war auch klar, wo das Eisen hineinmusste. Aber jetzt wurde es schwierig. „Hm, wie kann ich denn Kohle und Koks voneinander unterscheiden?", überlegte er laut.

„Fass die beiden Sachen mal an. Die Kohle ist glatter und schwerer", gab Desirée ihm einen Tipp, und so konnte Nikolas auch diese beiden Brennstoffe richtig zuordnen.

„Ja, genau richtig. Dann gehen wir jetzt wieder raus und schauen uns an, wo die Kohle zu Koks gebacken wurde." Desirée ging voraus und warnte alle, besonders vorsichtig zu sein, wenn es nun über eine lange Schräge nach oben ging.

„Warum konnte man denn nicht einfach mit der Kohle den Hochofen beheizen?", wollte ein Mann wissen, während sie eine Brücke aus Stahl überquerten.

„Wenn man Steinkohle verbrennt, wird zu viel Schwefel, Ruß und Rauch freigesetzt, wodurch das Eisen verunreinigt werden würde. Außerdem würde die Kohle vom schweren Eisenerz zerdrückt werden, und dann ginge das Feuer aus. Koks ist fester", antwortete Desirée.

„Ganz schön heiß hier oben." Lilly wischte sich ein bisschen Schweiß von der Stirn und hielt sich eine Hand schützend vor die Augen, damit die Sonne sie nicht blendete.

„Dann stell dir mal vor, wie es gewesen sein muss, hier zu arbeiten. Die Temperatur in den Öfen betrug über 1000 Grad Celsius. Wir stehen jetzt über den Öfen. Von hier oben wurden sie mit Kohle aus einem Füllwagen beladen. Wenn die Deckel geöffnet wurden,

musste alles ganz schnell gehen, damit die Temperatur nicht herunterkühlte. Sonst gingen die Ofensteine kaputt. Deckel öffnen, befüllen, wieder schließen und die Ränder mit Schlamm verdichten – das alles dauerte nur acht bis zehn Minuten“, erzählte Desirée.
Nikolas betrachtete die vielen runden Deckel auf dem Boden. „Sind das alles Öfen?“, fragte er staunend.
„Nein, ein Ofen hatte mehrere Füllöffnungen. Jeder der 304 Öfen hier, in denen Koks gebacken wurde, war über 12 Meter lang und 6 Meter hoch, aber nur 45 Zentimeter breit. Zwischen den Ofenkammern befinden sich die Heizwände, die mit Gas beheizt wurden“, informierte die Museumsführerin sie.
„Das wurde dann aber ein großer Kuchen“, sagte Lilly und lachte.
„Ja, genau, und weil der Kokskuchen so groß war, musste er 19 bis 21 Stunden gebacken werden.“ Desirée ging zu einer Treppe und führte die Gruppe wieder nach unten.
Mit großen Augen schauten sie sich die hohen Ofentüren an, die sich auf einer langen Strecke aneinanderreihten. „Das wirkt schon ziemlich beeindruckend“, stellte Papa fest.
„Wenn der Koks fertig gebacken war, wurden vorne und hinten die Türen geöffnet und der ganze große Kokskuchen mit einer Druckmaschine in den Löschwagen hineingedrückt. Der Löschwagen fuhr dann zu einer riesigen Wasserdusche, um das Ganze zu löschen, denn ansonsten verbrannte der glühende Koks an der Luft zu Asche“, fasste Desirée zusammen.
Zum Abschluss durften sie noch alle durch die Öfen gehen. „Das ist etwas ganz Besonderes. Dies sind die einzigen Koksöfen der Welt, die tatsächlich betreten werden können“, meinte Desirée stolz.

„Huh!“ Lilly schüttelte sich. „Jetzt muss ich an die Hexe denken, die von Gretel in den Ofen geschubst wurde.“

„Du hast echt eine schräge Fantasie, Schwesterherz“, sagte Nikolas lachend und schaute sich interessiert die Steinwände im Ofen an.

Nach dem Ende der Führung ging es zurück zum Campingplatz. Die Kinder spielten noch ein bisschen Fußball, bevor sich die Familie abends wieder mit dem Tagebuch im Wohnwagen versammelte.

September 1952

Jetzt hätte es mich fast selbst erwischt. Ein Kohlebrocken hat sich gelöst und ist runtergedonnert. Ich konnte gerade noch zur Seite springen. Sonst wäre meine Schulter jetzt ordentlich zerschmettert. Den Schreck spüre ich immer noch.

April 1953

Nach der Schicht geht es noch mit der Straßenbahn zur Bergvorschule, um mich richtig als Bergmann ausbilden zu lassen. Das is echt hart. Hab gerade kaum Zeit für irgendwas anderes. Auffen Jück gehen is grad nicht drin. Schade, bin immer gerne zu den Tanzveranstaltungen gegangen, da wo immer die Tanzkapelle spielt. Nicht mal für'n Mädchen ist gerade Zeit, dabei ist da so ne Süße, die mir immer beim Fußballspielen zuschaut. Ham noch kein Wort miteinander gesprochen, aber sie ist immer da. Ob ich mal wat sagen soll? Aber mit den Mädels kenne ich mich auch nicht so aus. Beim Fußball läuft es für uns gerade richtig gut. Wenigstens dazu komme ich noch. Die Meisterschaft konnten wir mit dem Werksverein leider noch nicht holen, obwohl wir echt ne klasse Mannschaft sind. Tja, manchmal reicht das wohl nicht.

„Jaja, gar nicht so einfach, die Sache mit den Mädchen“, lachte Papa und zwinkerte Mama zu.

Nikolas verdrehte die Augen, aber Lilly war in Gedanken schon ganz woanders. „Können wir nicht irgendwie herausfinden, wo Josef heute lebt?“, überlegte sie. „Dann könnten wir ihm die Tagebücher zurückgeben.“

„Es kann gut sein, dass Josef gar nicht mehr lebt“, gab Mama zu bedenken. „Aber vielleicht hatte er ja Kinder und Enkelkinder. Es wäre schon schön, jemanden aus seiner Familie zu treffen. Bestimmt haben sie die Tagebücher nicht absichtlich in die Verschenkekiste getan.“

„Lasst uns doch noch mal zu dem Haus gehen, wo ich die Tagebücher gefunden habe“, schlug Nikolas aufgeregt vor. „Es ist doch gut möglich, dass er dort gelebt hat!“

„Das können wir gern morgen machen. Dann bleiben wir in Hattingen und schauen uns in der *Henrichshütte* an, wie es mit dem Koks im Hochofen weiterging“, schlug Mama vor.

EIN GESCHMOLZENER SCHUH IN DER HENRICHSHÜTTE HATTINGEN

„Hier irgendwo war das Haus“, verkündete Nikolas zuversichtlich. Er ging ein Stück weiter die Straße entlang. Dann blieb er stehen. „Das hier muss es sein!“

Lilly und Nikolas warteten, bis auch die Eltern bei ihnen waren. Einen kurzen Moment zögerte Nikolas, dann drückte er entschlossen den Klingelknopf.

Ein Mann in Jeans und gelbem T-Shirt öffnete. „Guten Tag“, grüßte er freundlich und sah sie interessiert an.

„Hallo, wir haben uns neulich ein paar Comics mitgenommen, die zu verschenken waren. Dazwischen lagen Tagebücher von einem Josef, der Bergmann war. Wohnt der hier vielleicht noch?“, fragte Lilly aufgeregt.

„Nein, hier wohnen nur meine Frau und ich“, antwortete der Mann.

„Kennen Sie denn den Josef?“, wollte Nikolas wissen.

„Nein, tut mir leid. Ich habe gar nicht gesehen, dass Tagebücher zwischen den Heften waren. Ich habe mir in Dortmund auf einem Flohmarkt eine ganze Kiste mit Büchern und Comics ungesehen mitgenommen. Davon hat mich aber nur ein Teil interessiert. Den Rest habe ich aussortiert und vor die Tür gestellt“, erzählte der Mann.

„Schade!“ Enttäuscht ließ Lilly die Schultern hängen.

„Vielleicht kann euch der Flohmarktverkäufer weiterhelfen. Er steht jeden Sonntag auf dem Flohmarkt.“ Der Mann ging in das Haus und kam mit einem Stadtplan von Dortmund zurück, auf dem er ihnen den Standort des Flohmarkts zeigte.

„Sonntag, das dauert ja noch ewig“, schmollte Lilly.

Mama sah sie streng an und wandte sich an den netten Mann. „Danke für den Tipp. Dann werden wir es da mal versuchen.“

Sie verabschiedeten sich und gingen zurück zum Auto, um zur *Henrichshütte* zu fahren.

„Oh, die Kinderführung fängt jetzt an“, stellte Mama am Eingang fest. Sie kaufte für alle Eintrittskarten und buchte auch die Führung

dazu. Gemeinsam gingen sie zu dem Treffpunkt, an dem bereits einige Kinder mit ihren Eltern und eine Frau mit einer großen Holzkiste standen.

„Hallo, ich bin Fatma. Unser Museumsmaskottchen, die Ratte, hat uns lauter Sachen zusammengepackt, die man hier früher einmal brauchte. Wisst ihr denn, worum es bei dieser Arbeit ging?“, wollte Fatma wissen.

„Um Eisen“, rief ein kleines Mädchen.

„Genau, hier wurde im Hochofen Eisen hergestellt. Und wir schauen uns heute an, wie man das früher gemacht hat und was man dazu benötigte. Wer hat denn mal Lust, unter das Tuch in der Kiste zu greifen und einen Gegenstand herauszuholen?“, fragte die Museumsführerin die Kinder und lachte, als sich alle meldeten.

Lilly durfte beginnen. Sie zog einen großen Handschuh heraus. „Der Handschuh schützte vor der Hitze. Du kannst ihn gerne mal anprobieren“, schlug Fatma vor.

„Damit kann man aber nur schlecht greifen“, fand Lilly, deren Hand völlig in dem Handschuh verschwand. Ein Junge neben ihr setzte sich die Ohrenschützer auf, die sich ebenfalls in der Kiste befanden, und Nikolas wählte den Helm. „Der hat bestimmt vor den Funken geschützt“, vermutete er.

„Die Arbeit am Hochofen war sehr gefährlich. Am Anfang hatten die Arbeiter kaum Schutzkleidung, aber ein paar Sachen, die vor Hitze

und Feuer schützen, seht ihr hier in der Kiste. Was meint ihr denn, was das für Steine in dieser Dose sind?“, fragte Fatma und reichte eine Blechdose mit verschiedenen Steinen herum.

Nikolas nahm einen der Steine prüfend in die Hand. „Das ist bestimmt Koks. Das haben wir gestern gelernt!“

„Ja, Koks brauchte man für das heiße Feuer, in dem man Eisen aus dem Eisenerz herausschmelzen konnte. Dieser rötliche Stein ist Eisenerz, also ein Stein mit Eisen drin“, sagte Fatma und zeigte auf den genannten Stein.

Nachdem sie sich noch ein paar weitere Gegenstände angeschaut hatten, verteilte Fatma an alle Kinder Magnete: „Wir gehen jetzt mal nach draußen, und dann könnt ihr damit herausfinden, was überhaupt alles aus Eisen ist. Eisen ist nämlich magnetisch.“

Begeistert liefen die Kinder nach draußen. „Schon wieder so ein Industriegelände!“, meinte Lilly.

„Ich könnte hier stundenlang spielen!“ Nikolas sah voller Freude zu dem Hochofen hinauf und lief dann zu den Schienen, um seinen Magneten auszuprobieren. „Eisen!“, rief er triumphierend.

Auf dem Weg zum Hochofenmodell fand auch Lilly noch einige Gegenstände aus Eisen. Nun ließen sie sich aber erst einmal von Fatma erklären, wie so ein Hochofen funktionierte. „Als Erstes mussten Koks und Eisenerz mit einem Aufzug hinauftransportiert werden, damit man beides abwechselnd von oben hineinfüllen konnte. Von unten wurde durch große Rohre heiße Luft hineingeblasen. So konnten sehr hohe

Temperaturen erzeugt werden, die nötig waren, um Steine und Eisen zu schmelzen. Unten herrschten Temperaturen von über 2000 Grad Celsius."

Lilly machte große Augen. „So eine Hitze kann ich mir gar nicht vorstellen." Sie lachte. „Ich finde es ja jetzt im Sommer schon richtig heiß."

„Hier unten kam dann das flüssige Eisen heraus. Ich zeige euch das an einem echten Hochofen, kommt mit!", meinte Fatma und führte sie über das Gelände.

„Hier also kam das 1450 Grad heiße Eisen heraus." Fatma deutete auf ein Loch, das von Lampen hell erleuchtet wurde. „Man musste das Abstichloch mit einer Bohrmaschine öffnen, und nachdem das flüssige Roheisen und die Schlacke, ein Abfallprodukt, herausgekommen waren, hat man den Ofen mit einer Stopfmaschine wieder verschlossen."

„Was ist denn das hier? Ein Löffel für Riesen?", scherzte ein Junge.

„Nein, das ist ein Probenlöffel. Damit hat man ein bisschen vom Eisen entnommen und in eine kleine Form gegossen, um die Qualität zu überprüfen", erklärte Fatma.

„Aber warum hat der denn so einen langen Stiel?", hakte der Junge nach.

„Ihr müsst euch vorstellen, dass das Eisen hier wie Lava herausfloss. Da musste man schon ein bisschen Abstand halten. Es gab mal einen Lehrling, der aus Unachtsamkeit ins flüssige Eisen getreten ist. Natürlich hat er seinen Fuß direkt wieder zurückgezogen, aber der Schuh hatte sich sofort aufgelöst und der junge Mann musste mit

schweren Verbrennungen am Fuß ins Krankenhaus", erzählte Fatma.
Vor Schreck rissen die Kinder Augen und Münder auf. „Oje, der Arme", bedauerte Lilly ihn. „Konnte er dann überhaupt noch arbeiten?"
„Ja, er kommt sogar heute noch ab und zu hierher und erzählt von seiner Arbeit."
„Im Ruhrgebiet zu arbeiten, war echt ganz schön gefährlich." Nikolas runzelte die Stirn und dachte an die Einträge in Josefs Tagebuch.
„Ich hoffe, ihr habt nun ein bisschen verstanden, wie alles zusammenhängt und wozu man die ganze Kohle aus den Bergwerken benötigte. Wenn ihr Lust habt, könnt ihr jetzt auf dem *Spielplatz Rackerwerk* selbst ein bisschen die Arbeit am Hochofen nacherleben. Ich verspreche euch auch, dass ihr dabei nicht in heißes Eisen treten könnt, denn ihr nehmt dafür einfach Kies." Fatma zwinkerte den Kindern zu.

Obwohl Lilly und Nikolas noch ausgiebig den Kies durch den Hochofen zum Abstichloch rutschen ließen, viele Stufen hoch- und runterstiegen und die lange Röhrenrutsche austesteten, waren sie schon früh zurück auf dem Campingplatz. Gemeinsam liefen sie zum Wohnwagen von Marie, Lukas und Maxi. „Habt ihr Lust, mit uns zu spielen?", fragte Nikolas.
„Gerne! Kommt, wir fragen noch ein paar andere Kinder, dann können wir Räuber und Gendarm spielen", schlug Lukas vor.
Joel und auch die Brüder Adrian und Adam waren sofort begeistert dabei. „Was ist mit Selina und Yassin?", wollte Nikolas wissen.
„Selina und Yassin wohnen hier in der Gegend. Sie kommen nur manchmal zum Spielen vorbei", antwortete Adam.

„Wir sind jedes Jahr hier auf dem Campingplatz, deswegen kennen wir sie gut“, ergänzte Adrian. „Schon unsere Eltern waren hier als Kinder, und wir haben hier das ganze Jahr über unseren Wohnwagen stehen, sodass wir auch mal am Wochenende kommen können.“

„So, nun mal Butter bei die Fische. Wer ist jetzt Räuber und wer Gendarm?“, fragte Maxi.

Letztlich einigten sie sich darauf, dass Marie, Adrian und Joel als Gendarmen den Rest der Kinder fangen sollten.

Lilly und Nikolas versteckten sich zusammen hinter einem Busch. Auf einmal hörten sie die Stimme von Adrian: „Hier müssen sie irgendwo sein. Wenn wir Lilly und Nikolas haben, dann sind alle Räuber gefangen.“

Als Adrian und die anderen Gendarmen am Busch vorbeigegangen waren, tippte Nikolas Lilly an: „Los, wir müssen die anderen befreien.“

Vorsichtig krabbelten sie aus dem Gebüsch heraus, doch gerade, als sie den Weg betraten, drehte sich Marie um. „Da sind sie!“

Lilly und Nikolas rasten los, hatten aber keine Chance gegen den schnellen Joel. Lachend hob Nikolas die Arme. „Okay, ihr habt gewonnen. Ich ergebe mich.“

„Lasst uns das morgen oder übermorgen noch mal spielen“, meinte Lilly noch ganz außer Atem, als sie zurück zu ihren Eltern gingen.

An diesem Abend war Papa wieder mit dem Vorlesen des Tagebuchs an der Reihe. „Ich bin ja mal gespannt, ob wir noch mehr von Josef und dem Mädchen erfahren werden“, grinste er und begann zu lesen.

Mai 1953

Nun weiß ich, wie das Mädchen heißt. Das ist die Hilde. Richtig hübsches Ding! Die gefällt mir schon sehr. War ein bissken nervös, als ich mit ihr gesprochen habe. Vielleicht sollte ich mal mit ihr auffe Kirmes gehen? Doch, das stell ich mir schön vor, wie wir zwei da Hand in Hand über die Kirmes gehen und gebrannte Mandeln essen und Kettenkarussell fahren.

Juli 1953

Dem Horst ham die Mäuse heute sein Butterbrot weggefuttert. Das könnt mir nicht passieren. Ich hänge mein Bütterken schön weit oben auf. Da kommt keiner dran.

Ich habe heute allerdings richtig Ärger mit dem Steiger gehabt. Hab den Scheißkübel nicht benutzt und heimlich in nen Loch gemacht und alles verbuddelt. Dat machen die anderen auch. Weiß doch jeder. Aber mich hat er erwischt. Das gab ne ordentliche Geldstrafe. Richtiger Mist! Mutter hat 'n Riesenbohei draus gemacht.

„Das ist ja auch ekelig!" Lilly rümpfte die Nase.

„Na ja, auf so einen Scheißkübel hätte ich mich aber auch nicht gerne gesetzt", sagte Nikolas. Er schaute Mama und Papa an und zog entschuldigend mit einem breiten Grinsen die Schultern hoch: „Bergarbeitersprache!"

„Was ist denn ein Riesenbohei?", wollte Lilly wissen.

„Das heißt, dass die Mutter einen riesigen Aufstand daraus gemacht hat. Kann ich aber auch verstehen, wenn das Geld knapp ist", meinte Mama.

FÜHLEN, SEHEN UND RIECHEN IM PHÄNOMANIA ERFAHRUNGSFELD

„Heute fahren wir noch mal nach Essen und zwar zum *Phänomania Erfahrungsfeld*. Das gehört zur *Zeche Zollverein*, aber du musst eine andere Adresse ins Navi eingeben“, wandte sich Mama am nächsten Tag an Papa, als sie das Ausflugsziel verkündete.

„*Phänomania Erfahrungsfeld*?“ Lilly konnte sich unter dem Namen gar nichts vorstellen.

„Das ist ein Museum, in dem ihr ganz viel ausprobieren und experimentieren könnt. Da werden all eure Sinne gefordert“, erklärte Mama.

Im Museum merkten Lilly und Nikolas schnell, dass Mama recht hatte. Sie mussten sich ganz schön konzentrieren, um sich nicht von den vielen Illusionen täuschen zu lassen.

„Ich fange mit der ersten Reihe an, und dann bist du dran“, rief Nikolas und versuchte sich nicht von den geschriebenen Wörtern in Großbuchstaben ablenken zu lassen, sondern nur auf die Schriftfarbe zu achten. „Grün, rot, orange – ach nee, Mist. Jetzt habe ich doch das Wort gelesen.“

Lilly lachte, doch dann stellte sie fest, dass es tatsächlich ganz schön schwierig war, die Farbe der Schrift zu nennen und nicht das Farbwort, das sie automatisch las. Nachdem sie sich ein paar

Mal verheddert hatte, testete sie ihre Reaktionsgeschwindigkeit an einem herabfallenden Stab, den man so rasch wie möglich schnappen sollte. Nikolas probierte in der Zwischenzeit mit Mama zusammen den Barfußpfad aus, und Papa drehte sich durch Armbewegungen und Hanteln auf einer Pirouettenscheibe.

Anschließend gingen sie alle zu einem großen, 250 Kilogramm schweren Stein, der an einem dicken Tau von der Decke hing.

„Setz dich mal da drauf und mach die Augen zu“, forderte Papa Lilly auf. Gespannt kletterte Lilly auf den Stein. Was nun wohl passierte?

„Okay, halt dich fest“, sagte Papa und stupste sie leicht an. Sicherheitshalber umfasste Lilly das Seil etwas fester, doch dann jauchzte sie. „Ich fliege!“ Sie lachte übers ganze Gesicht. Auch als sie wieder herunterkletterte, schwärmte sie noch. „Das ist echt, als würde man fliegen. Ich habe mich wie eine Feder gefühlt.“

Jetzt wollten es die anderen natürlich auch ausprobieren. „Boah, voll cool“, stimmte Nikolas Lilly zu, als der Stein unter ihm hin und her schwang. „Aber ich habe überhaupt kein Gefühl mehr dafür, wo ich bin und in welche Richtung ich schaukle."

Nachdem auch Mama und Papa den Stein ausprobiert hatten, liefen sie zur Vorführung des riesigen Gongs, der mindestens 3000 Jahre alt war und aus Asien stammte.

Eine junge Frau vom Team der *Phänomania* stellte sich als Sarah vor. Sie erzählte den Zuhörenden, dass so ein Gong früher benutzt wurde, um ein Dorf vor Gefahren zu warnen. Heute wurden sie eher für Meditationen genutzt.

„Was für einen Ton erwartet ihr bei einem solchen Gong?", wollte Sarah von den Kindern wissen.

Lilly und Nikolas hatten keine Ahnung, worauf Sarah hinauswollte, doch ein älterer Junge vermutete völlig richtig, dass der Ton eher dunkel und tief klingen würde.

„Ich werde den Gong nun schlagen", verkündete Sarah. „Versucht ihn mal ganz bewusst zu hören, aber auch zu spüren."

Aufmerksam lauschte Nikolas dem Ton, der immer mehr anschwoll. Er konnte ihn tatsächlich am ganzen Körper wahrnehmen. Die Schallwellen und Schwingungen brachten das Wasser in ihm in Bewegung, wie Sarah ihnen nun erklärte.

„Irgendwie klingt der Gong wie Donnergrollen oder ein Sturm", flüsterte Lilly Papa zu.

Im Anschluss an die Vorführung wollten die Kinder draußen den Förderturm besteigen. Als sie die vielen Stufen wieder herunterkamen, entschied Papa beim Anblick eines Grill-Stands, dass sie nun Mittagessen konnten. „Kommste vonne Schicht, wat schönret gibt et nich als wie Currywurst", sang er, als er mit einem Tablett

zu ihrem Tisch kam. Fröhlich verteilte er an jeden eine Portion Currywurst.
„Papa, kannst du das nicht einmal lassen?", fragte Nikolas.
„Das Lied von Herbert Grönemeyer ging mir gerade so durch den Kopf", sagte Papa grinsend. „Currywurst gibt es hier ja wirklich überall, dabei kommt sie eigentlich aus Berlin."
„Das würde ich aber nicht so laut sagen", meinte Mama. „Da wird man im Ruhrgebiet nämlich anderer Meinung sein."
„Hauptsache, es schmeckt!" Lilly spießte sich ein Stück Wurst auf die Gabel und ließ es sich schmecken.

Als die Kinder fertig waren, liefen sie in den Außenbereich des Museums. Hier gab es zwei coole Schaukeln, auf denen man sich gegenübersaß und dann gemeinsam schaukelte. Aber auch die Klangspiele, der Balancierbalken und der weitere Barfußpfad machten ihnen Spaß. Lilly staunte vor allem über den großen Drehstein, den sie mit dem kleinen Finger in Bewegung setzen konnte. Sie brauchte dafür nur ein bisschen Geduld und musste eine ganze Weile dagegen drücken. Nikolas probierte es dahingegen mit jeder Menge Kraft aus, und schaffte es auf diese Weise etwas schneller den Stein zum Drehen zu bringen.
Gemeinsam mit Mama und Papa gingen sie noch mal nach drinnen. Es gab noch so viele Stationen in der Ausstellung, die sie ausprobieren wollten, und die gern von den Mitarbeitenden erklärt wurden. Sie steckten ihre Hände in Krüge, um etwas zu ertasten, schnupperten an verschiedenen Dosen, um ihren Geruchssinn zu testen, Papa bewies eine ruhige Hand am „Heißen Draht" und Mama

musste sehr geschickt sein, als sie mit nur einem Auge einen Faden einfädeln wollte.

„Jetzt ging meine Hand schon wieder in die falsche Richtung“, ärgerte sich Lilly. Sie versuchte, mit einem Spiegel einen Stern nachzuzeichnen. „Gar nicht so einfach, aber am Ende hatte ich den Dreh raus.“ Wohlwollend betrachtete sie schließlich ihr Ergebnis und stellte sich zu Nikolas.

Dieser tastete sich gerade mühsam mit den Fingern durch ein Labyrinth, das hinter einem Vorhang verborgen war. Auch er musste feststellen, dass solche Aufgaben ziemlich schwierig waren, wenn man nicht wie gewohnt auf alle Sinne zurückgreifen konnte. Nachdem sie ausgiebig experimentiert und im Café ein Stück Kuchen gegessen hatten, machten sie sich wieder auf den Rückweg.

Zurück auf dem Campingplatz, spielte Mama mit Nikolas ein wenig Federball, während Papa Lilly in der Sonne aus einem Buch vorlas. Sie genossen die Zeit, die sie miteinander verbrachten, aber alle freuten sich auch insgeheim schon auf den Abend, an dem sie wieder ein bisschen mehr über Josef und sein Leben erfahren durften.

Oktober 1953

Die Hilde gefällt mir immer besser. Wenn wir mal heiraten, dann kriegen wir auch ne eigene Wohnung in der Kolonie. Es wird Zeit, daß ich hier rauskomme. Meine Brüder verdienen langsam auch Geld, da kann ich ne eigene Familie gründen. Dann muß Hilde auch nicht mehr arbeiten. Noch ist sie Sekretärin, aber daß wäre dann vorbei.

Juli 1954
Deutschland ist Fußball-Weltmeister! Und der Rahn, der das Siegtor geschossen hat, das ist einer von uns. Der kommt hier aus dem Revier. Leider habe ich kaum etwas vom Spiel sehen können. Wir standen alle dicht gedrängt vor dem Schaufenster des Elektrogeschäfts. Dort lief das Spiel auf den kleinen Fernsehern, die sie dort verkaufen. Aber es waren einfach zu viele Leute. Da hat man fast nichts gesehen. Echt schade! Aber egal, Weltmeister sind die Jungs geworden, das ist die Hauptsache!

„Weltmeister! Da muss eine super Stimmung geherrscht haben", meinte Nikolas und freute sich mit Josef, dass ein Spieler aus dem Ruhrgebiet entscheidend dazu beigetragen hatte.

„Wenn wir am Sonntag zu dem Flohmarkt in Dortmund fahren, können wir das direkt mit einem Besuch im *Deutschen Fußballmuseum* verbinden. Da können wir vielleicht noch ein bisschen mehr über die Weltmeisterschaft erfahren", schlug Papa vor.

Begeistert nickten die Kinder.

„Ich finde ja besonders spannend, dass junge Leute damals erst eine eigene Wohnung bekamen, wenn sie verheiratet waren, und dass die Auffassung herrschte, dass Frauen, wenn sie verheiratet waren, nicht mehr zu arbeiten hatten", meinte Mama.

„Zum Glück ist das heute nicht mehr so!", sagte Lilly erleichtert und fügte hinzu: „Vielleicht werde ich später mal Tierärztin oder Architektin wie du, Mama."

DER GRÖßTE BINNENHAFEN DER WELT

„Heute soll ein richtig warmer Sommertag werden“, meinte Mama mit einem Blick auf die Wetter-App ihres Handys. „Da ist eine Abkühlung im See am Nachmittag genau das Richtige. Und vorher machen wir eine Hafenrundfahrt im Binnenhafen in Duisburg.“

„Was ist denn ein Binnenhafen?“, wollte Lilly wissen.

„Das ist ein Hafen, der nicht an der Küste, sondern im Inneren eines Landes liegt. Nimmt man alle Hafenbecken vom Innen- und Außenhafen zusammen, ist die Anlage in Duisburg der größte Binnenhafen der Welt“, sagte Papa. Lilly und Nikolas machten große Augen und stiegen gespannt ins Auto. Wenig später gingen sie mit Mama und Papa auf das Schiff, das am Anleger Schwanentor lag.

Interessiert lauschten sie den Informationen aus den Lautsprechern, als sich das Schiff vom Innenhafen Richtung Außenhafen auf den Weg machte, und versuchten, die genannten Gebäude ausfindig zu machen. „Da vorne sind die Hallen, in denen Erz gelagert wird.“ Nikolas zeigte ans Ufer.

„Eisenerz braucht man ja, um Stahl herzustellen“, erinnerte sich Lilly an ihre Führungen in der Kokerei und in der *Henrichshütte*.

„Und dass es hier viele Getreidespeicher gibt, haben wir gerade gestern im Explorado gelernt“, freute sich Nikolas über ihr neues Wissen, als sie an einem ehemaligen Getreidespeicher vorbeikamen.

UK+ 9.80 m D.P.
1
2
3
4
5

„Hä, sind wir jetzt auf dem Rhein?“, fragte Lilly auf einmal verwundert. „Der hat gerade etwas über die Brücke der A40 über den Rhein gesagt.“
„Ja, wir fahren jetzt über den Rhein zu den Duisburg-Ruhrorter Häfen“, sagte Papa. „Ihr habt doch bei eurem Puzzle im *Ruhr Museum* gesehen, dass die Ruhr nicht der einzige Fluss in der Gegend ist.“
„Hier merkt man schon noch etwas von der ganzen Industrie“, meinte Lilly. „Aber warum wird heute noch Kohle verladen? Ich dachte, es gibt keine Bergwerke mehr, in denen noch welche abgebaut wird.“
„In Deutschland nicht“, meinte Mama. „Aber es wird immer noch Kohle bzw. Koks zur Eisen- und Stahlerzeugung benötigt. Die Kohle kommt dann allerdings aus anderen Ländern, wie zum Beispiel Australien.“
„Hier befindet sich eine sehr moderne Kohleverladeanlage. Um 1200 Tonnen Kohle in einer Stunde auf Schiffe zu verladen, werden nur drei Mitarbeiter benötigt“, kam es aus dem Lautsprecher.
„Boah, so viel Schrott auf einmal“, staunte Nikolas, als sie kurz darauf den größten Schrottplatz Europas auf einer Insel im Hafen zu sehen bekamen. „Was wohl damit passiert?“
„Der wird gereinigt, getrennt und geschreddert und dann wieder in Stahlwerken eingesetzt, um zusammen mit Roheisen neuen Stahl zu ergeben“, berichtete Papa.
Sie kamen noch an einigen anderen Unternehmen und Verladeplätzen vorbei. Auch ein Feuerwehrboot und die Wasserschutzpolizei sahen sie dabei. An einer weiteren Anlegestelle stiegen noch ein paar Leute hinzu, und dann ging es zurück zum Schwanentor.

EIN SPANNENDER FUND AN DER SECHS-SEEN-PLATTE

„Und jetzt fahren wir zur *Sechs-Seen-Platte*!“ Lilly strahlte. „Ist das auch hier in Duisburg?“

„Ja, wir sind schon gleich da“, meinte Mama.

Voller Vorfreude halfen Lilly und Nikolas dabei, die schweren Taschen mit Picknick und Badezeug vom Auto zum Freibad am *Wolfssee* zu schleppen.

Während Mama und Papa sich noch im Sand einen gemütlichen Platz mit großen Handtüchern einrichteten, schlüpften Lilly und Nikolas bereits in ihre Badesachen.

„Wer zuerst im Wasser ist“, rief Nikolas und rannte los. Lilly war ihm direkt auf den Fersen, doch sie konnte Nikolas nicht mehr einholen. Kaum hatte sie es ebenfalls in den See geschafft, ging eine wilde Wasserschlacht zwischen den Kindern los.

„Jetzt reicht es mir, Nikolas. Hör mal auf“, bat Lilly nach einer Weile und machte ein paar Schwimmzüge. Nikolas schwamm neben ihr her.

„Die Abkühlung tut heute wirklich gut“, meinte er und wandte sich zum Strand um, um Mama und Papa ebenfalls ins Wasser zu rufen.

„Schau mal, wer da kommt!“, rief er überrascht und lief schnell an Land. Fröhlich winkte er Marie, Lukas, Maxi und deren Eltern zu.

„Da machen wir es uns doch direkt neben euch gemütlich“, meinte die Mama der drei und breitete eine große Picknickdecke aus.

„Das ist ja toll, dass ihr auch hier seid!“, freute sich Lilly.

„Man gönnt sich ja sonst nichts.“ Maxi grinste sie an.

„Och, Maxi, du wiederholst dich. Von dir sind wir mehr Kreativität gewohnt“, meinte Nikolas und wartete, bis sich die drei Geschwister umgezogen hatten. Gemeinsam ging es dann wieder ins Wasser. Als die Eltern eine Badepause anordneten, stärkten sie sich ein wenig und buddelten einen Kanal im Sand, doch dann lockte das kühle Nass sie wieder.

Während die Familie von Marie, Lukas und Maxi aufbrach, um noch etwas anderes zu unternehmen, machten sich auch Lilly, Nikolas und ihre Eltern auf den Weg. Sie wollten jedoch noch ein bisschen an der *Sechs-Seen-Platte* bleiben und spazieren gehen.

Sie liefen an verschiedenen Seen entlang. Lilly und Nikolas rannten ein Stück vor und entdeckten einen Spielplatz.

„Können wir noch mal in einen See rein?“, fragte Nikolas, nachdem sie eine Weile getobt hatten. „Mir ist so heiß!“

Mama reichte ihm eine Flasche mit Wasser. „Trink erst mal etwas. Dann schauen wir, ob wir uns irgendwo abkühlen können.“

„Hier können wir doch zumindest mit den Füßen rein“, meinte Lilly und zeigte auf eine flache Stelle im Wasser. Sie zogen ihre Sandalen aus und kletterten über eine Baumwurzel ins Wasser.

„Was ist das denn für eine Sauerei?“ Nikolas zeigte auf eine Flasche, die sich im Wurzelwerk verfangen hatte.

Lilly beugte sich nach vorn, um die Flasche herauszuangeln und zu entsorgen. Verwundert betrachtete sie ihren Fund. „Da steckt noch was drin. Das sieht fast aus wie eine Flaschenpost.“

„Glaube ich nicht. Das wird leider nur Müll sein“, meinte Nikolas.

Aber Lilly war auf einmal ganz aufgeregt. „Doch, das ist ein gerollter Zettel. Das muss eine Flaschenpost sein!“ Sie schraubte den Verschluss auf und zog vorsichtig das Blatt Papier aus der Flasche. „Ich hatte recht!“ Lilly wedelte mit dem Zettel herum.

Nikolas schnappte ihn sich und las vor: „Hallo, ich bin Lara, und ich bin gespannt, wer meine Nachricht findet." Darunter stand eine Adresse. Fragend sah er sich zu den anderen um. „Sollen wir Lara antworten?“

„Auf jeden Fall!“

Auf dem Campingplatz holten sich Lilly und Nikolas an der Rezeption eine Postkarte und schrieben eine kurze Nachricht:

Liebe Lara, wir haben deine Flaschenpost im See in Duisburg gefunden. Wir machen gerade im Ruhrgebiet Urlaub und lernen dabei viel über Kohle und Bergwerke.

Viele Grüße von Lilly und Nikolas

„Hoffentlich kriegen wir eine Antwort“, meinte Lilly, während Nikolas noch ganz unten ihre eigene Adresse in Berlin notierte. Dann warfen sie die Karte in den Briefkasten, der am Eingang des Campingplatzes stand.

Anschließend waren sie bereit für die gemütliche Leserunde mit Josefs Tagebuch.

Mai 1955

Es is soweit. Morgen heirate ich meine Hilde. Vorher muß ich noch auffe Schicht, aber danach wird gefeiert. Und schon bald geht es dann inne eigene Wohnung. Da werden wir es uns schön fein machen, die Hilde und ich!

Juni 1956

Heute morgen wurde Martin geboren. Unser erster Sohn, unser Junge! Das ist schon was Besonderes. Weiß gar nicht, was ich sagen soll, bin ganz durcheinander. Zum Glück geht es Hilde und dem Baby gut. So ein kleines Ding! Ganz zarte Fingerchen hat er. Der soll es mal besser haben als ich. Ich werd dafür sorgen, daß er ne ordentliche Schulbildung bekommt und was Vernünftiges lernt. Dann werden se mal alle sehen, wozu wir kleinen Leute in der Lage sind. Mein lieber, kleiner Martin, ich werd dafür malochen, daß es dir mal gut gehen wird.

„Am Tag seiner Hochzeit hat der noch gearbeitet?“ Nikolas machte große Augen.
„Das ist wirklich hart“, stimmte Papa ihm zu.
„Aber er hat jetzt einen kleinen Sohn. Das ist doch toll!“ Lilly strahlte in die Runde.
„Bald sind wir übrigens mit dem ersten Tagebuch durch, aber es war ja noch ein zweites Heft dabei“, sagte Mama.
„Können wir nicht dieses Heft noch zu Ende lesen?“, bat Lilly. „Es ist gerade so spannend mit dem Baby.“
Da alle damit einverstanden waren, las Papa noch den nächsten und damit letzten Eintrag dieses Tagebuchs.

Juli 1956

Der kleine Martin ist schon ein süßer Kerl, aber das ganze Geschrei macht mich echt fertig. Ich kann nach der Schicht kaum poofen. Die Kumpel auffer Arbeit merken auch schon, daß mit mir im Moment nicht viel anzufangen ist. Wir verstehen uns ohne Worte. Wenn sie mich zu Schichtbeginn mit müden Augen sehen, klopfen sie mir nur kurz auf die Schulter, und dann geht es los mit der Maloche.
Die Frau vom Günther hat uns in der letzten Woche ein paar Mal was zu essen rübergebracht. Sie wohnen nur ein paar Häuser weiter, und da hilft man sich eben. So ist das hier bei uns in der Siedlung. Da gehören wir dazu, die Hilde, der Martin und ich.

RUND UMS WASSER IN MÜLHEIM

Als sie am nächsten Morgen wach wurden, hörten sie Regen auf das Dach des Wohnwagens prasseln. „Wir lassen uns doch nicht unseren Urlaub von dem Wetter versauen“, sagte Papa, als er die enttäuschten Gesichter der Kinder sah. „Wo es nun schon regnet, können wir uns doch heute mal ganz dem Thema Wasser widmen.“
Etwas später betraten sie den ehemaligen Wasserturm in Mülheim, und Nikolas musste grinsen. „Okay, das *Aquarius Wassermuseum* hat definitiv etwas mit Wasser zu tun.“
Sie ließen sich am Eingang eine Chipkarte aushändigen, mit der man die Spiele und Aufgaben an den Medien-Stationen aktivieren und Punkte sammeln konnte, und fuhren mit einem der beiden Aufzüge nach oben. Leider war der Ausblick bei dem Regen nicht ganz so toll, und so widmeten sie sich lieber den Stationen im Museum.
„Puh, was soll das sein?“ Angestrengt lauschte Nikolas den Lauten, die aus der Geräuschesäule kamen.
„Das ist Regen“, war sich Lilly sicher. „Es klingt genau wie heute Früh.“
Gemeinsam errieten sie noch die Geräusche von Walen, klirrenden Eiswürfeln und einer Dusche.
„Wasser beeinflusst das Leben auf der ganzen Welt“, meinte Papa wenig später und deutete auf einen großen Globus.

Nikolas drückte auf einen Punkt am Nil und hörte sich die Informationen dazu an. „Ist ja eigentlich logisch. Gerade in den Wüstengebieten Ägyptens merkt man natürlich, wie überlebenswichtig Wasser ist. Kein Wunder, dass der Nil als Lebensader bezeichnet wird“, stellte Nikolas fest.

Ein paar Stationen weiter bewunderte Lilly die Bilder von kunstvollen Brunnen und reiste anschließend auf dem Bildschirm mit dem Rest der Familie durch das Ruhrtal.

„War ja irgendwie klar, dass auch das Wasser etwas mit der Industrie zu tun hat“, meinte Nikolas und sah sich den Film an, der zeigte, wie

im 18. Jahrhundert ein Kanal gebaut wurde, um die Kohle an den gewünschten Ort liefern zu können. „Lilly, komm mal her, hier dürfen wir selbst Ingenieure spielen."

„Wir sollen einen Kanal bauen?" Lilly blickte auf den Bildschirm. „Ach, das ist ja nicht so schwer."

Schnell hatten sie durch das Anklicken der einzelnen Bauteile einen schönen Kanal errichtet. Doch dann trat das erste Problem auf. „Bergauf kann das Wasser natürlich nicht fließen, aber wir können ja eine Schleuse bauen." Nikolas deutete auf ein Symbol auf dem Bildschirm.

Nach und nach wurde das Spiel immer schwieriger, und auch Trinkwasserleitungen und Wasserkraftwerke mussten verbaut werden.

„Ich geb auf. Das wird mir zu kompliziert", meinte Nikolas, und statt weiter Wasserstraßen zu planen, nahmen sie an einer virtuellen Weltwasserkonferenz teil und spürten Wasserprobleme in Deutschland auf.

Aufmerksam ließ Nikolas seinen Blick über die Szene auf dem Bildschirm schweifen. „Ah, da, das Düngen der Felder, das ist nicht gut fürs Grundwasser."

„Ich habe auch was entdeckt", meldet sich Lilly. „Hier werden Insektengifte verwendet. Die gelangen doch auch ins Wasser."

„Jetzt müsst ihr noch Lösungen dafür finden", meinte Mama.

„Also, ich würde solche Sachen einfach verbieten", schlug Nikolas vor.

Lilly schloss sich ihm an. Zufrieden gingen sie weiter. „Wie einfach man doch der Umwelt helfen kann", freute sich Lilly.

„Ganz so einfach ist es leider nicht“, sagte Papa bedauernd. „Schließlich ist eine erfolgreiche Ernte wichtig, damit alle satt werden, darum muss man Pflanzen vor Schädlingen und Unkraut schützen. Aber ihr habt natürlich insofern recht, als dass Gifte, die für Menschen und Insekten nachweislich schädlich sind, nicht weiter genutzt werden sollten.“

An der letzten Station staunten sie nicht schlecht, als sie erfuhren, wie viel virtuelles Wasser sie im normalen Alltag benötigten. „Virtuelles Wasser ist das Wasser, welches gebraucht wird, um ein bestimmtes Produkt herzustellen“, erklärte Papa. Er nahm einen Scanner und ging zu dem Regal. Wie ein Kassierer fuhr er mit dem Scanner über das Etikett einer Jeans und schon wurden am Bildschirm 11.000 Liter Wassergebrauch angezeigt.

„Boah, das ist ja viel“, staunte Lilly. Sie nahm Papa den Scanner ab und hielt ihn an das Etikett der Wollmütze. „Was? Da wird noch mehr Wasser für benötigt? 17.000 Liter für so eine kleine Mütze?“

„Die Wolle kommt von Schafen, und für die Aufzucht von Tieren benötigt man immer viel Wasser. Außerdem wird Wasser beim Reinigen, Bleichen und Färben der Wolle benötigt“, informierte Mama sie.

„Aber irgendwas zum Anziehen brauchen wir ja.“ Hilflos zuckte Lilly mit den Schultern.

„Da hast du natürlich recht. Aber man kann darauf achten, nicht ständig etwas Neues zu kaufen oder auch mal gebrauchte Kleidung vom Flohmarkt zu nehmen“, schlug Mama vor.

Lilly nickte. Auf dem Kinderflohmarkt in ihrer Schule gab es immer schöne Sachen.

Am Ende ihres Rundgangs druckten sie sich noch eine Urkunde mit den gesammelten Punkten von den verschiedenen Stationen aus. „Gemeinsam haben wir ziemlich viel gewusst.“ Zufrieden nahm Nikolas die Urkunde entgegen und zeigte sie den anderen.

Am Nachmittag setzte sich das Thema Wasser dann im *Haus Ruhrnatur* fort. Interessiert schauten sich die Kinder an, welche Tiere sich an und in der Ruhr wohlfühlen.

„Hier sieht man nun, was es für Folgen hat, wenn man die Flüsse mit Schleusen und Ähnlichem für den Schiffsbetrieb ausbaut und verändert“, meinte Papa. „Dadurch, dass die natürlichen Überschwemmungen weitgehend verhindert wurden und sich die Landschaft veränderte, sind auch viele Tiere und Pflanzen verschwunden. Ganz rückgängig kann man das nicht machen, aber man versucht, den natürlichen Zustand so weit wie möglich wiederherzustellen. So können manche Tiere wieder angesiedelt werden.“

Lilly strich einem ausgestopften Biber über das Fell, während sich Nikolas den großen Hecht ansah. Vorsichtig streckte er einen Zeigefinger aus. „Ui, der hat aber einen spitzen Zahn!"
Neben vielen weiteren präparierten Tieren gab es auch ein paar Fische, die in der Ruhr heimisch waren und munter durch ein Aquarium schwammen.
„Hier kann man auch wieder Geräusche erraten!", stellte Lilly fest, als sie in die nächste Etage gingen. „Aber ich habe echt keine Ahnung, was das sein soll."
Sie drückte noch einmal auf die Taste und lauschte erneut. Hilflos zuckte sie mit den Achseln. „Du kannst hier auch erst einmal alle Geräusche kennenlernen. Dann ist es einfacher", gab Mama ihr einen Tipp. Gemeinsam hörten sie sich an, welche Laute eine Feldgrille, ein Eisvogel und ein Höckerschwan machten.
„Schaltet doch auch mal Wind, Gewitter und Laub an", schlug Nikolas vor. Nachdem sie sich mit den Geräuschen gut auskannten und beim Quiz sicher auf die richtige Lösung getippt hatten, erprobten sie an der nächsten Station ihren Geruchssinn.
Später experimentierten sie noch mit den Energiequellen Licht, Wind und Wasser und probierten aus, wie man aus diesen Quellen am besten Energie gewinnen konnte.
Zum Abschluss holten sie sich einen Becher Wasser aus einem Trinkwasserspender. „Cool, die Becher darf man als Erinnerung mitnehmen." Nikolas drehte den Hartplastikbecher in seiner Hand. „Hier ist ja sogar der Wasserturm drauf abgebildet."

MEHR ALS NUR KOHLE

Gut gelaunt ging es zurück zum Campingplatz.

„Habt ihr gesehen, was da gerade an der Autobahnbrücke stand?“, Nikolas beugte sich nach vorn und schaute zwischen Mama und Papa hindurch nach draußen. Alle schüttelten den Kopf. „Irgendetwas von der WM 1954. Rahn müsste schießen oder so. Da vorne auf der Brücke steht auch etwas“, rief Nikolas, und nun schaute auch Lilly neugierig aus dem Fenster.

„Rahn schießt“, las Papa vor. „Dann weiß ich schon, was an der nächsten Brücke steht.“

„Tor! Tor! Tor“, riefen sie alle gemeinsam und lachten, als sie den letzten Schriftzug sahen.

„Schade, dass Marie, Lukas und Maxi heute Abend essen gegangen sind, aber vielleicht haben Joel, Adrian und Adam Lust, zu uns in den Wohnwagen zu kommen.“ Lilly schaute nach draußen, wo es immer noch regnete.

„Ich flitze schnell rüber und frag sie. Du kannst ja schon mal die Karten vom Ruhr Museum-Memory mischen und auslegen. Dann können wir das gleich spielen“, schlug Nikolas vor.

Als Nikolas mit den anderen Jungs zurückkam, lagen bereits alle Karten auf dem Tisch.

Adrian zog die Augenbrauen hoch: „Ruhr Museum-Memory? Na, hoffentlich geht es da nicht die ganze Zeit um Kohle!"

„Ja, das nervt echt. Als wenn wir hier im Ruhrgebiet alle Bergleute wären", meinte Adam.

„Ich hatte eigentlich in den Museen das Gefühl, dass man hier stolz auf alles ist, was mit Kohle und Bergbau zu tun hat", sagte Joel, der mit seinen Eltern ebenfalls bereits einige Ausflüge gemacht hatte, und deckte eine Karte mit einem Karussellpferdchen auf.

„Wir leben gern im Ruhrgebiet, aber mit Kohle haben wir nichts zu tun. Okay, Opa hat tatsächlich noch im Bergwerk gearbeitet, aber unser Papa ist Lehrer, und Mama schminkt die Schauspieler im Theater. Das Ruhrgebiet besteht doch aus viel mehr Sachen“, stellte Adrian fest.

„Woraus denn?“, fragte Lilly,

Nikolas wurde ganz zappelig. Er hörte kaum, wie Adam auf Lillys Frage antwortete: „Ich fahre fast täglich mit meinen Freunden auf dem Fahrrad am See oder an der Ruhr entlang. Man kann hier super viel machen. Es ist ja fast alles direkt vor der Haustür. Kino, schwimmen gehen und natürlich Fußball spielen.“

„Du hast gesagt, euer Opa hat im Bergwerk gearbeitet?“, wollte Nikolas nun wissen.

Adrian nickte. Er war an der Reihe und fand zwei Karten, auf denen nun tatsächlich ein Stück Kohle zu sehen war.

„Kannst du ihn mal fragen, ob er einen Josef kennt?“, fragte Nikolas und konnte dabei kaum noch still sitzen.

„Einen Josef? Wie heißt der denn weiter? Und warum überhaupt?“, wunderte Adrian sich.

„Wir haben das Tagebuch eines Bergmanns namens Josef gefunden. Den Nachnamen kennen wir leider nicht, aber wir wissen, dass er 1956 ein Kind namens Martin bekommen hat“, gab Nikolas die Informationen weiter, die er hatte.

„Hm, okay. Fragen können wir ihn ja mal. Wir sehen ihn morgen. Da kommen Oma und Opa uns für einen Ausflug ins Planetarium abholen. Wir haben Karten für eine Show“, sagte Adam.

„Das wäre ja was, wenn dein Opa unseren Josef kennen würde.

Es wäre so toll, wenn wir ihn treffen und ihm seine Tagebücher wiedergeben könnten", hoffte Lilly.

Beide Kinder waren heute beim Lesen des Tagebuchs voller Vorfreude. Vielleicht würden sie Josef ja doch noch persönlich kennenlernen.

Als Mama jedoch das zweite Tagebuch öffnete, stockte sie. „Das ist gar kein Tagebuch von Josef."

„Nicht? Oh, das ist ja doof." Enttäuscht ließ Lilly die Schultern hängen.

„Nein, es ist ein Tagebuch von Martin", stellte Mama fest.

„Von Martin? Echt? Das ist cool." Nikolas nickte zufrieden, und auch Lillys Frust verging in diesem Moment sofort.

„Fang schon an zu lesen, Mama!" Aufgeregt rutschte Lilly ein Stück näher an sie heran.

Oktober 1964

Papa hat mir dieses Heft geschenkt. Er findet, daß ich jetzt so gut schreiben kann, daß ich ein Tagebuch führen kann. Weiß noch nicht, ob ich dazu Lust habe. Lieber spiele ich draußen mit meinen Freunden.

Januar 1965

Ständig ist Papa müde. Wenn er von der Schicht kommt und poofen möchte, müssen wir mucksmäuschenstill sein. Als einmal Susis Freundin um diese Zeit geklingelt hat, gab es richtig Ärger. Das nervt echt. Ja, ich weiß, Papa hat hart gearbeitet und muss sich ausruhen.

Verstehe ich ja. Aber wir wollen spielen. Immerhin sind wir zu viert hier zu Hause, die Susi, Manni, Christa und ich. Wie soll es denn da bitteschön ruhig sein? Am besten ich gehe gleich wieder nach draußen und ziehe mit meinen Kumpels durch die Gegend.

März 1965

Badetag für uns Kinder! Papa duscht ja jeden Tag in der Waschkaue auf der Zeche, sonst würde er mit schwarzem Gesicht nach Hause kommen. Das würde sicherlich die kleinen Kinder erschrecken, aber ich würde das lustig finden. Zum Glück bin ich als Ältester immer als Erster an der Reihe, in die Badewanne zu steigen. Wir sind immer alle ordentlich schmutzig, und das liegt nicht daran, daß wir kleine Drecksspatzen sind und immer nur im Schmutz spielen. Ja, das auch, aber hier bei uns ist immer alles dreckig. Sogar der Schnodder im Taschentuch. Mama muß auch mehrmals am Tag an den Fenstern den Ruß wegputzen. Sie meint, das muß sein.

„Das ist ja ein Tagebuch aus Martins Kindheit“, staunte Nikolas.
„Aber auch sehr spannend. Ich liebe Geschichten von früher“, meinte Lilly und sah Mama und Papa an, die ihr immer wieder aus ihrer eigenen Kindheit erzählen mussten.
„Das finde ich auch sehr interessant“, sagte Mama. „Die 60er-Jahre, das ist ja in etwa die Zeit, als Oma und Opa Kinder waren. Da war schon noch vieles anders als heute.“
„Hm, falls Josef nicht mehr lebt, könnten wir ja auch Martin suchen. Immerhin ist ein Tagebuch von ihm“, überlegte Nikolas. „Hoffentlich weiß der Flohmarktverkäufer morgen etwas über die beiden.“

EIN FUSSBALL-KRIMINALFALL UND GRUSELIGE SCHATTENFIGUREN

„Können wir als Erstes zum Flohmarkt fahren?“, wollte Nikolas am nächsten Tag wissen, als sie im Auto saßen und Richtung Dortmund fuhren.
„Ja, das machen wir. Noch ist es auch trocken.“ Mama warf einen prüfenden Blick zum Himmel, an dem sich schon wieder einige graue Wolken gesammelt hatten.

„Der Stand soll irgendwo im hinteren Bereich sein.“ Suchend sah sich Nikolas nach ihrer Ankunft auf dem Flohmarkt um und ging an einigen Ständen mit Kleidung vorbei.
„Da vorne verkauft doch jemand Bücher und Comics“, rief Lilly und deutete auf einen Stand, an dem ein Mann gerade ein paar Bücher aus einer Kiste holte und dekorativ auf den Tisch legte.
„Guten Tag“, grüßte Lilly freundlich. „Sie haben neulich eine ganze Kiste voller Comics an einen Mann verkauft. Darunter waren auch zwei Tagebücher von Josef und seinem Sohn Martin. Kennen Sie die beiden?“
„Oh, da habe ich wohl etwas verkauft, ohne es überhaupt gesehen zu haben.“ Der Mann lachte. „Leider kann ich euch nicht weiterhelfen. Ich kaufe häufig Bücher und Comics, wenn alte Keller oder Ähnliches

ausgeräumt werden. Ich kann euch noch nicht einmal sagen, woher ich die Hefte hatte."

„Schade", meinte Nikolas.

Auch Lilly guckte ganz enttäuscht. „Nun haben wir gar keine Möglichkeit mehr, Josef und Martin zu finden."

„Vielleicht weiß ja der Opa von Adam und Adrian etwas", versuchte Mama sie zu trösten. „Jetzt müssen wir uns aber ein bisschen beeilen, damit wir noch an der Kinderführung durchs *Fußballmuseum* teilnehmen können."

Zum Glück kamen sie gerade noch rechtzeitig. Eine junge Frau namens Sarah nahm die Gruppe über eine lange Rolltreppe mit nach oben in die Ausstellung.

„Wir beginnen hier beim Wunder von Bern. Wisst ihr, was damit gemeint ist?", wollte Sarah wissen.

„Dass Deutschland die Fußballweltmeisterschaft 1954 gewonnen hat!", sagte Nikolas stolz.

„Richtig, aber warum wird es als Wunder bezeichnet?", hakte Sarah nach.

Ein Junge in Nikolas' Alter meldete sich und berichtete: „In der Vorrunde hatten die Deutschen 3:8 gegen Ungarn verloren, und im Finale haben sie dann gegen denselben Gegner 3:2 gewonnen, obwohl sie am Anfang noch zurücklagen."

Sarah nickte. Dann zeigte sie auf die lebensgroßen Bilder von Fußballern in schwarz-weißer Kleidung. „Hier seht ihr die elf ‚Helden von Bern'. Eine besondere Rolle spielte natürlich Helmut Rahn, der den Siegtreffer erzielte."

Nikolas stupste Lilly an. „Erinnerst du dich, wie stolz Josef darauf war, dass einer aus dem Ruhrgebiet dazu beigetragen hat, dass Deutschland Weltmeister wurde?“
Lilly nickte und zog sich weiße Handschuhe an, die Sarah an alle Kinder verteilte. „Wenn man alte Objekte in einem Museum anfasst, muss man solche Handschuhe tragen, um die Sachen zu schonen“, erklärte Sarah und öffnete einen Koffer. Daraus entnahm sie einen alten Lederball. „In der Vitrine seht ihr den Originalball von 1954. Dies hier ist ein ähnlicher Ball“, sagte sie, bevor sie den Ball herumreichte. „Wenn es regnete, wog ein solcher Ball gut 2 bis 3 Kilo mehr, aber der Kapitän der Mannschaft, Fritz Walter, liebte Regenwetter. Zum einen bevorzugte er solche Witterungsbedingungen wegen seiner Hitzeempfindlichkeit in Folge einer Malariaerkrankung, die er sich im Zweiten Weltkrieg zugezogen hatte. Zum anderen konnte er auf regennassem, tiefem Boden seine herausragende Technik noch besser ausspielen.“
„Hier hört es sich auch so an, als würde es regnen“, stellte Lilly überrascht fest.
„Ja, genau, das soll daran erinnern, dass es beim Endspiel regnete. ‚Das ist dem Fritz sein Wetter‘ sagte man hier dazu“, informierte die Museumsführerin die Kinder.
„Oh, guckt mal, davon hat doch Josef auch geschrieben.“ Nikolas zeigte auf Bilder, die Menschen ablichteten, die vor einem Elektrogeschäft standen, um etwas von dem Fußballspiel zu sehen, weil die meisten damals ja noch keinen eigenen Fernseher besaßen. Als die ganze Gruppe weiterging, musste Papa lachen. „Das sieht ja aus wie ein Kriminalfall!“ Er zeigte auf die nummerierten Kärtchen an verschiedenen Beweisstücken und ein Absperrband.

„Hier geht es um die WM 1966 in England“, erklärte Sarah. „Da schoss England im Endspiel gegen Deutschland das sogenannte Wembley-Tor, welches nach dem Stadion in London benannt wurde, in dem das Finale stattgefunden hat. Bei dem Tor wird bis heute darüber gestritten, ob es wirklich ein Tor war. Damals gab es ja noch keinen Videobeweis, und dem Linienrichter, der zu dem Tor befragt wurde, reichte es, dass er sah, dass das Netz wackelte und die englischen Spieler ihre Arme jubelnd hochrissen.“

Die Gruppe schaute sich auch noch das Grasstück des Elfmeterpunkts aus dem Endspielstadion der Weltmeisterschaft 1990 sowie die Goldmedaille von Mats Hummels von der Weltmeisterschaft 2014 an. Von der WM 2010 bewunderten sie die Urne mit der Asche des Kraken Paul, der viele Ergebnisse des Turniers richtig vorhergesagt hatte, indem er immer das Futter aus der Box mit der Flagge des jeweiligen Gewinners auswählte.

Besonders spannend fanden Lilly und Nikolas das 3-D-Kino, in dem es neben der WM 2014 auch Rückblenden auf die anderen Weltmeistertitel der deutschen Nationalmannschaft 1954, 1974 und 1990 gab. „Das sieht echt so aus, als würde Manuel Neuer da direkt vor einem stehen“, staunte Nikolas.

Nachdem sie noch verschiedene Fußballpokale betrachtet und

viele spannende Geschichten über die Bundesliga gehört hatten, beendeten sie ihren Besuch im *Fußballmuseum* und fuhren nach Unna.

Im Nieselregen kamen sie an ein paar Fachwerkhäusern vorbei, als sie auf dem Weg zum Marktplatz waren. Dort stärkten sie sich beim Mittagessen.

„Es gibt hier im Ruhrgebiet auch viele Kunstmuseen. Wir haben uns mal eins ausgesucht, welches euch vielleicht auch gefällt", sagte Mama beim Nachtisch. „Wir gehen gleich ins *Internationale Lichtkunstmuseum*, das übrigens in einer ehemaligen Brauerei untergebracht ist."

Etwas irritiert von den vielen Aufsehern, die überall auf Stühlen saßen und meist in einem Buch lasen, schlichen Lilly und Nikolas später durch die Räume des Museums. „Darf man sich hier drin unterhalten?", flüsterte Lilly Papa zu.

„Ja, klar, man soll sich ja auch über Kunst austauschen", gab dieser zurück.

Lilly blickte zu zwei Mädchen, die gerade mit ihren Eltern versuchten, mit den Händen Schattenfiguren an die Wand zu werfen. „Guck mal, Nikolas, der Bär sieht ja toll aus."
Nikolas stimmte ihr zu und probierte es nun selber aus. „Ich kann nur eine Gans und einen Hund machen."
Sie gingen in einen Raum hinein, in dem Schleifen aus Neonröhren in verschiedenen Farben unter dem Gewölbe hingen und in der Luft zu schweben schienen. „Kunst aus Licht sieht toll aus", fand Lilly.
„Ja", meinte Nikolas. „Vor allem die Buchstaben, die sich im ganzen Raum durch einen Spiegel im Kreis drehen, sind cool."
„Wartet mal ab, gleich seht ihr noch etwas richtig Beeindruckendes", versprach ihnen Mama. Vorher schauten sie sich jedoch noch das Schattentheater an.
„Die Figuren sehen aber gruselig aus", meinte Lilly, und Papa erklärte ihr, dass mit ihnen das Leben und der Tod dargestellt werden sollten und dass die Installation „Totentanz" hieß.
Lilly ging lieber noch ein paar Mal durch den Gang, in dem durch einen Bewegungsmelder verschiedene Lichtröhren aufleuchteten.
Dann war es aber endlich Zeit für das besondere Kunstwerk, das Mama angekündigt hatte. Mit ein paar anderen Besuchern gingen sie durch einen Raum, in dem auf zwei gegenüberliegenden Seiten Wasser an den Wänden herunterrauschte, welches in einem speziellen Licht herrlich glitzerte.
„Wow", staunte Nikolas.
„Das würde ich mir am liebsten noch ganz lange anschauen", stimmte ihm Lilly zu, aber diese aufwendige Installation war leider immer nur für eine kurze Zeit zu sehen.

Ein Unwetter zieht auf

Als sie zurück zum Campingplatz fuhren, wurden die Wolken am Himmel immer dunkler. Auf einmal zuckte in der Ferne ein heller Blitz auf. Kurz darauf donnerte es laut.

„Oje, der arme Joel hat doch nur ein Zelt", rief Lilly, als sie mit den Kapuzen über den Köpfen vom Parkplatz zu ihrem Wohnwagen rannten.

„Dürfen wir ihn und seine Eltern fragen, ob sie zu uns reinkommen möchten?", fragte Nikolas.

Papa nickte. „Aber beeilt euch!"

Gerade als sie vor die Tür getreten waren, kam jedoch Adam mit Joel und seinen Eltern an ihnen vorbei. „Was macht ihr denn noch hier draußen?", fragte Adam.

„Wir wollten Joel zu uns einladen, aber das ist wohl gar nicht mehr nötig", erwiderte Nikolas lachend. Es wurde immer ungemütlicher.

„Kommt doch auch mit zu uns", meinte Adam. Lilly flitzte gleich mit den Jungs mit, während Nikolas noch schnell seinen Eltern Bescheid gab.

Kurz darauf saßen sie alle dicht aneinandergedrängt auf der Eckbank im Wohnwagen von Adam und Adrian, während der Regen an die Scheiben prasselte. Die Mutter der beiden Jungs kochte für alle Tee und schmierte ein paar Butterbrote, und der Vater rief bei Selina an.

„Das Gewitter wird gleich vorbeigezogen sein. Selinas Vater ist unterwegs, um ein paar trockene Schlafsäcke vorbeizubringen. Bis dahin könnt ihr euch ein bisschen stärken. Hier bei uns im Ruhrgebiet halten wir doch alle zusammen“, sagte der Vater von Adam und Adrian und stellte einen Teller mit den fertigen Broten auf den Tisch. Nachdem alle zugegriffen hatten, hielt es Nikolas nicht länger aus. „Und? Habt ihr etwas herausgefunden?“

Bedauernd schüttelte Adam den Kopf. „Nein, tut mir leid. Einen Josef kennt Opa nicht. Er müsste ja auch viel älter als er sein. Aber er meinte, ihr sollt mal beim *Bergbaumuseum* in Bochum nachfragen. Da sind manchmal auch alte Bergbaukumpel, die Führungen anbieten.“

„Können wir morgen zum *Bergbaumuseum* fahren?“, fragte Lilly ihre Eltern sofort, als sie später zurück in ihrem Wohnwagen waren. „Vielleicht erfahren wir dort etwas über Josef.“

„Morgen soll endlich mal wieder die Sonne richtig scheinen. Da würde ich lieber etwas anderes machen“, meinte Mama. „Aber ich verspreche euch, dass wir dort noch hinfahren.“ Sie reichte Papa das Tagebuch von Martin, damit er ihnen daraus vorlesen konnte.

April 1965

Heute war wieder mal Waschtag. Da ist dann nicht nur Papa müde, sondern auch Mama. Und noch nicht mal gelohnt hat es sich. Der Wind hat gedreht, und die ganze Wäsche war mal wieder schwarz. Aber dieses Mal waren wenigstens nicht wir Kinder schuld. Neulich ist mir der schmutzige Ball in die

Wäsche geflogen. Das war echt Mist. Mama wollte uns den Ball wegnehmen, aber Papa hat gesagt, daß sie uns spielen lassen soll. Er hat mir den Ball zum Geburtstag geschenkt. Einen richtigen Lederball. Damit bin ich der Held bei uns auf dem Hof. Alle Kinder wollen pöhlen, aber so einen famosen Ball habe nur ich.

Mai 1965

Wir waren in einer Pizzeria essen. Mama hat uns ordentlich angezogen. Wir waren alle ganz aufgeregt. Mama war erst etwas skeptisch, denn keiner von uns war vorher jemals in einer Pizzeria gewesen. Aber wir Kinder wollten es unbedingt mal ausprobieren. Wir wollten endlich wissen, was eigentlich eine Pizza ist. Und es war sooo lecker! Gut, daß wir Mama und Papa überredet haben.

SPAẞ IM FREIZEITPARK SCHLOSS BECK

Am nächsten Morgen schien die Sonne strahlend hell am Himmel. Außer ein paar kleinen Pfützen erinnerte nichts mehr an das Unwetter vom Vortag.

Gemeinsam mit der Familie von Marie, Lukas und Maxi fuhren Lilly und Nikolas mit ihren Eltern in den *Freizeitpark Schloss Beck* in Bottrop.

„Ob die Achterbahn wohl sehr schnell ist?“, überlegte Lilly.

„Na, los, komm mit, Probieren geht über Studieren“, meinte Maxi und stellte sich in der Schlange an.

Endlich waren sie an der Reihe. Papa quetschte sich mit Lilly in einen Wagen, während sich Nikolas einen Wagen mit Lukas teilte. Dann ging es los. „Aaah“, kreischten sie alle auf, als es in die Tiefe und anschließend um eine enge Kurve ging.

Lachend kamen sie wieder an. „Können wir gleich noch mal fahren?“, bat Lilly.

Aber da zeigte Nikolas schon auf den Wasserbob und rief: „Wow, das möchte ich auch machen!“

Als er dann mit dem Wasserbob auf einer Schiene nach oben gezogen wurde, schaute er gespannt nach unten. Plötzlich sauste der Bob los und landete mit einem lauten Platsch im Wasserbecken.

„Das war cool!“ Nikolas drehte sich zu den anderen um und hob den Daumen. Nun wollten es auch Marie, Lukas und Maxi ausprobieren.

Lilly fuhr lieber gemeinsam mit Papa die Wasserrutsche in einem Gummiboot hinunter.
Mama wagte sich zusammen mit den Kindern ins Riesenrad, und alle gemeinsam fuhren vorwärts und rückwärts mit der Drachenbahn.
„Jetzt ist mir aber schwindelig", meinte Mama im Anschluss und stieg auf wackeligen Beinen aus der Bahn.
„Traut ihr euch, mit in den Gruselkeller zu kommen?", fragte Marie die anderen Kinder.
„Wenn wir alle zusammenbleiben, komme ich mit", sagte Lilly mutig, versteckte sich dann aber doch hinter Nikolas' Rücken, als sie den Keller betraten. Erschrocken zuckte sie zusammen, als es auf einmal aus einer Ecke zischte. Schnell ging sie mit den anderen am Skelett vorbei. Dann leuchtete eine Spinne an der Wand auf.

„Das war doch überhaupt nicht gruselig“, meinte Lukas, als sie wieder draußen waren, und Nikolas stimmte ihm zu. Lilly war trotzdem froh, dass sie nun zum Entdeckerparadies gingen.
Nachdem alle Kinder die langen Röhrenrutschen getestet hatten, spielten sie auf dem großen Klettergerüst Verstecken und Fangen. „Los, Lilly, kletter da vorne am Netz hoch! Maxi hat dich gleich!“, rief Nikolas. Er hangelte sich an der Kletterwand hoch und verschwand in einer Hütte. Erst als alle ganz außer Atem waren, gingen sie zurück zu ihren Eltern, die es sich so lange auf einer der Bänke gemütlich gemacht hatten.
Die Kinder bedienten sich aus den Picknicktaschen, und als alle satt waren, ging es zu dem kleinen See. Jede Familie schnappte sich eins der Tretboote, und gemeinsam fuhren sie auf den See hinaus. „Los, Papa, tritt mal ein bisschen kräftiger in die Pedale. Die fahren uns sonst gleich davon“, forderte Nikolas Papa auf.
„Uns könnt ihr nicht das Wasser reichen“, rief Maxi lachend und spritzte Wasser in ihre Richtung.
Wieder am Steg angelegt, stiegen sie die Treppe zum Baumwipfelpfad hinauf. „Zusammen schaffen wir das“, flüsterte Lilly Mama verschwörerisch zu. „Wir gucken einfach nicht nach unten.“
„Hier sind wir in über acht Metern Höhe“, rief Nikolas begeistert und blickte sich um. „Schaut mal, da hinten in den Bäumen hängt das Gespenst Becki, das Maskottchen des Parks!“

„Und man soll auch vier Fledermäuse entdecken können." Marie schaute ebenfalls angestrengt in die Bäume.
„Ich sehe eine!" Lilly deutete mit dem Kinn in eine Richtung, ließ dabei aber Mamas Hand nicht los.
Nikolas und die anderen Kinder probierten fröhlich die verschiedenen Stationen aus. Sie spürten, wie die große Eiche sich bewegte, steckten ihre Hände in Fühlkästen und lernten etwas über Fledermäuse und andere Tiere des Waldes.
Als sie wieder unten waren, wollten alle dann aber noch einmal zu den Karussells.

Bevor es zurück zum Campingplatz ging, fuhren Lilly und Nikolas mit ihren Eltern noch an dem auf dem Weg liegenden *Tetraeder* in Bottrop vorbei. Nachdem sie den längeren Anstieg mit zahlreichen Windungen geschafft hatten, standen sie vor der großen Pyramide aus Stahlrohren.

„Der Berg, auf dem der *Tetraeder* steht, ist eine Halde. Er ist also aus dem Material entstanden, das beim Bergbau mit abgebaut wurde, aber nutzlos war. Davon sieht man hier im Ruhrgebiet natürlich auch einige, und mittlerweile gibt es auf vielen von ihnen Kunstwerke oder spannende Installationen", erzählte Mama und blickte zu den Stufen, die im Tetraeder zu runden Plattformen auf verschiedenen Ebenen führten. „Ich werde den Ausblick aufs Ruhrgebiet von hier unten genießen, aber ihr könnt gerne hochgehen."
Papa und Nikolas machten sich sofort an den Aufstieg. Auch Lilly ging ein paar Stufen mit, kam dann aber doch wieder zu Mama herunter. Die anderen beiden schafften es bis zur ersten Plattform.
„Ich glaube, das reicht mir jetzt auch", meinte Nikolas, als er das Gitter sah, durch das man bis nach unten schauen konnte.
„Von hier sieht man auch schon jede Menge", tröstete Mama ihren Sohn, als dieser wieder unten angekommen war.
„Da hinten ist die *Zeche Zollverein*! Und die Kokerei sehe ich auch", sagte Nikolas erfreut, als sie eine Runde um die Halde drehten. Lilly entdeckte einige Fördertürme.
Papa kam aus dem Fotografieren gar nicht heraus. Auch vom Tetraeder machte er Bilder aus allen möglichen Perspektiven. „Wirklich beeindruckend", meinte er.

Am Abend freuten sich alle darauf, noch ein bisschen mehr über Martins Kindheit im Ruhrgebiet zu erfahren. Mit einem Blick auf die anstehende Seite sagte Mama: „Bei Martin ist gerade auch Sommer. Mal schauen, wie sich die Kinder damals die Zeit vertrieben haben."

Juli 1965

Es ist Sommer! Da heißt es: Ab ins Freibad! Ich treffe mich fast jeden Tag mit meinen Freunden dort. Ansonsten spielen wir meist auf der Straße und auf dem Hof oder fahren mit dem Fahrrad durch die Gegend. Am liebsten entlang der Gleise, aber das mögen Mama und Papa nicht so. Jetzt haben aber Reinhard und Matthias was richtig Spannendes entdeckt. Direkt neben dem Zechengelände steht ein altes Haus. Es ist schon ganz zerfallen, aber man kann prima darin spielen.

August 1965

Oh, heute gab es Ärger mit Papa. Er findet, daß ich mich nicht gut genug um mein Fahrrad kümmere. Er war echt ärgerlich, immerhin malocht er dafür, daß es uns so gut geht. Papa möchte, daß es uns Kindern später mal besser geht. Wir sollen auf keinen Fall in den Bergbau, sondern gut in der Schule aufpassen und was anderes werden. Keine Ahnung, was.
Ich finde es gar nicht so schlimm, Bergmann zu sein. Na ja, mein Fahrrad habe ich jetzt trotzdem mal ordentlich geputzt. Und dem Jupp nebenan gefiel das so gut, daß ich seins gleich mitputzen durfte. Da habe ich mir 10 Pfennig verdient.

SPURENSUCHE IM BERGBAU-MUSEUM BOCHUM

„Tief im Westen, wo die Sonne verstaubt ...“, sang Papa am nächsten Tag auf dem Weg zum *Deutschen Bergbau-Museum Bochum*.

„Was ist denn das schon wieder für ein Lied?“, wollte Nikolas wissen.

„‚Bochum‘ von Herbert Grönemeyer“, meinte Papa und sang weiter.

„Da vorne ist bestimmt das Museum“, meinte Lilly aufgeregt und zeigte auf ein Fördergerüst.

„Wir haben gehört, dass es hier auch Führungen von ehemaligen Bergleuten gibt. Könnten wir dafür vier Karten haben?“, erkundigte sich Mama an der Kasse.

„Leider bieten wir heute keine solche Führung an, aber der Herr dort vorne, Willi, hat früher als Bergmann gearbeitet. Vielleicht können Sie sich kurz mit ihm unterhalten“, meinte der Kassierer und winkte Willi heran.

„Hallo, kennen Sie vielleicht einen Josef, der vor 60 Jahren oder so im Bergwerk gearbeitet hat?“, wollte Lilly von Willi wissen.

„Josef sagst du? Hm, da fällt mir jetzt so direkt niemand ein“.

„Er hatte einen Sohn namens Martin. Allerdings wollte Josef nicht, dass Martin im Bergwerk arbeitet, von daher kennen Sie ihn wahrscheinlich nicht“, meinte Nikolas etwas mutlos.

„Martin, sagt das doch gleich! Der Martin war ein Kumpel von mir. Wie hieß der denn noch mit Nachnamen? Irgendwas mit ‚Sch‘. Sein

Vater hieß jedenfalls Josef, und er hatte, glaube ich, eine Schwester, die Susi hieß, und noch ein paar andere Geschwister, aber da fallen mir die Namen nicht mehr ein", sagte Willi.

„Ja, genau, das ist der Martin, den wir meinen!", unterbrach Nikolas ihn aufgeregt.

„Wie gesagt, der hat mit mir zusammen im Bergbau gearbeitet. Wir waren gute Freunde. Er ist dann allerdings später Steiger in einem anderen Bergwerk geworden, und seitdem habe ich nichts mehr von ihm gehört. Ich weiß leider auch nicht, wo er jetzt wohnt", bedauerte Willi.

„Schade", sagte Lilly traurig. „Wir haben in einer Flohmarktkiste alte Tagebücher von Josef und Martin gefunden und würden die beiden gerne kennenlernen und ihnen die Bücher zurückgeben, aber daraus wird wohl nichts."

Willi sah die beiden Kinder an. Es tat ihm leid, dass er ihnen nicht weiterhelfen konnte, und so schlug er vor: „Wisst ihr was? Ich nehme euch jetzt mal mit hier ins Anschauungsbergwerk und erzähle euch etwas über die Arbeit von Martin und mir."

Lilly, Nikolas und ihre Eltern waren einverstanden, und so fuhren sie gemeinsam mit einem Fahrstuhl ins Anschauungsbergwerk, wo Willi ihnen als Erstes den Seilfahrtsimulator zeigen wollte.

Es ruckelte ein bisschen, und dann hatten sie das Gefühl, in die Tiefe zu sausen. In rasender Geschwindigkeit zogen Bilder an ihnen vorbei.

„Hui, geht das schnell runter", staunte Nikolas. „Da kann ich gut verstehen, dass es Josef dabei schlecht wurde."

„Das ging vielen Bergmännern so", meinte Willi. „Aber darüber gesprochen hat man meistens nicht. Je tiefer man nach unten kam, desto heißer wurde es übrigens.“ Die Kinder, Mama und Papa folgten Willi durch einen kurzen Gang, in dem es ziemlich warm war. „40 Grad. Bei dieser Hitze haben wir gearbeitet. Es war aber sogar noch anstrengender, denn die relative Luftfeuchtigkeit, die bei uns im Bergwerk herrschte, wird hier nicht simuliert“, sagte Willi. Er führte sie über Schienen und an Kabeln und Rohren entlang zu einem Stall, aus dem ein Wiehern zu hören war. „Ein Pferd!“ Lilly zeigte auf das schwarze Modell eines Pferdes. „Tobias“ stand an der Stalltür.

„Früher waren auch Pferde unter Tage und haben die Kohlewagen gezogen, aber das habe ich selbst nicht mehr mitbekommen. 1966 verließ ein Pferd namens Tobias als eines der letzten Grubenpferde eine Zeche in Recklinghausen. Das wurde damals wohl sogar im Fernsehen gebracht“, berichtete Willi. Anschließend zeigte er ihnen das „Gezähe“ – verschiedene Gerätschaften, die im Bergbau benutzt wurden.

Die Kinder durften nacheinander in einen Streb hineinklettern. „Ganz schön rutschig in der Schräge“, stellte Lilly fest, und Nikolas betrachtete interessiert den Abbauhammer.
„Möchtest du den mal nehmen, während ich ihn anschalte?“, wollte Willi wissen. Nikolas nickte. „Aber gut festhalten!“, warnte der Bergmann ihn noch, bevor er den Abbauhammer kurz anschaltete.
„Hilfe, da wird man aber durchgeschüttelt!“ Mit aller Kraft hielt Nikolas das Gerät mit beiden Händen fest. „So langsam verstehe ich, was für eine Arbeit das war, von der Josef in seinem Tagebuch berichtet hat!“
„Der Martin und ich haben allerdings schon mit anderen Maschinen die Kohle abgebaut. Die könnt ihr euch gleich noch im Museum anschauen“, sagte Willi. „Überhaupt wurde im Bergbau immer mehr mit Maschinen gemacht. Per Hand haben wir am Ende so gut wie gar nichts mehr erledigt. Die zunehmende Mechanisierung erhöhte die Sicherheit der Bergleute, allerdings benötigte man auch weniger Arbeiter. Es gab also weniger Arbeitsplätze.“
Lilly und Nikolas hofften, dass die entlassenen Bergleute irgendwo eine etwas leichtere Arbeit gefunden hatten.
„Ein großes Problem beim Bergwerk war immer das Wasser“, erzählte Willi auf dem Weg zurück zum Aufzug. „Das Grundwasser dringt in die Hohlräume des Gesteins ein und kann von dort aus ins Bergwerk sickern. Es muss also aufgefangen und abgepumpt werden, ansonsten wäre das Bergwerk nicht stabil. Auch in den stillgelegten Zechen muss weiterhin Wasser abgepumpt werden.“
Davon hatten Lilly und Nikolas schon mal bei einem anderen Bergwerksbesuch gehört, sie wussten nur nicht mehr, ob es im Harz, im Erzgebirge oder im Saarland gewesen war.

„So, dann verabschiede ich mich jetzt mal. Schaut euch gerne noch die Maschinen und die Dauerausstellung über Tage an."

Willi gab zuerst den Kindern und dann den Eltern die Hand und ging.

Lilly und Nikolas staunten, als sie im Museum die großen Gewinnungsmaschinen sahen, die seit den 1960er-Jahren vermehrt die Kohle aus dem Flöz herausgeschnitten hatten. „Irgendwie habe ich mir die Bergleute immer nur mit Abbauhammer und Schaufel vorgestellt, nicht mit moderner Technik", sagte Lilly.

In einem anderen Teil der Ausstellung erfuhren sie nun auch endlich die Geschichte über das Schwein und die Kohle, die Gisela in der Zeche Nachtigall angedeutet hatte. Lilly hielt den schweren Hörer in der Hand und lauschte der Geschichte: „Der Schweinehirt Jörgen wollte sich ein Loch graben, um darin Feuer zu machen. Da aber sein Schwein bereits eine Kuhle gegraben hatte, nahm Jörgen diese und zündete dort sein Holz an. Am nächsten Morgen war das Holz heruntergebrannt, aber unter der Asche glühten noch Steinbrocken, und Jörgen stellte fest, dass ein Feuer mit diesen brennbaren Steinen viel länger brannte als ein anderes Feuer. Es lieferte auch mehr Wärme, und so suchte man später gezielt nach diesen brennbaren Steinen. Die Steinkohle war entdeckt worden, und die Menschen aus Jörgens Dorf wurden die ersten Bergleute im Ruhrgebiet."

Lilly, Nikolas und ihre Eltern schauten sich verschiedene Modelle von Bergwerken und Arbeitersiedlungen an und sahen einen alten Herd, vor dem ein Mutterklötzchen stand.

„In was für einer Siedlung Josef und Martin wohl gelebt haben?", überlegte Lilly auf dem Weg zum Ausgang. „Sie schienen auf jeden Fall eine nette Nachbarschaft zu haben."

EINE EISENBAHNREISE DURCH DIE GESCHICHTE DES RUHRGEBIETS IM GRUGAPARK ESSEN

„Warum wird in Deutschland eigentlich keine Steinkohle mehr abgebaut?“, wollte Nikolas auf dem Weg zum *Grugapark* in Essen wissen.

„Weil beim Verbrennen von Kohle viel Kohlendioxid freigesetzt wird, schadet die Energie aus Kohle der Umwelt. Außerdem ist die Kohle aus anderen Ländern deutlich billiger, da man dort nicht so tief unter die Erde muss, um sie zu fördern. Der Steinkohleabbau lohnt sich in Deutschland einfach nicht mehr. Allerdings wird zum Beispiel gar nicht so weit von hier entfernt, im Rheinland, weiterhin Braunkohle abgebaut“, sagte Papa und parkte auf der Margarethenhöhe.

„Und die ist besser als Steinkohle?“ fragte Nikolas.

„Nein, die Energiegewinnung aus Braunkohle ist ebenfalls sehr umweltschädlich. Bei der Verbrennung gelangen auch andere Stoffe, wie zum Beispiel Schwefeldioxid, in unsere Atmosphäre“, antwortete Mama, als sie aus dem Auto stiegen. „Wenn die Gase Kohlenstoffdioxid und Schwefeldioxid in großen Mengen vorkommen, erwärmt sich unsere Atmosphäre – und das führt zum Klimawandel.“

„Das ist übel“, sagte Nikolas. „Wenn sich das Klima weiter erwärmt, schmilzt noch mehr Eis in der Arktis, und der Meeresspiegel steigt an. Der Lebensraum der Eisbären wird immer kleiner, und durch die Waldbrände in Australien sind Millionen Tiere ums Leben gekommen und viele Arten sogar ausgestorben."

„Aber das ist ja schrecklich!" Abrupt blieb Lilly stehen. „Warum gibt es denn dann noch Braunkohle? Die muss man dann doch verbieten!"

„Sehr viele Menschen denken genau so", sagte Mama, „aber der Ausstieg aus der Kohle ist nicht so einfach. Durch die Kohle erhalten wir unsere Energie, unseren Strom. Da müssen wir erst mal eine Alternative finden. Aber du hast recht, Lilly, wir sollten nachhaltig denken. Darum beziehen wir zu Hause unseren Strom aus erneuerbaren Energien. Und vielleicht lassen wir ja für den nächsten Urlaub auch mal das Auto zu Hause und nehmen die Bahn. So, jetzt sind wir in einer besonders schönen Arbeitersiedlung, vielleicht haben Josef und Martin in so einer Gegend gelebt." Mama deutete auf einige Häuser mit schönen grünen Fensterläden.

„Waren die Fensterrahmen damals schon weiß?" Lilly schaute zu den Häusern herüber. „Das muss ja eine Putzerei gewesen sein ... bei dem ganzen Ruß!"

„Oh ja!" Mama seufzte mitleidig und warf einen Blick auf den Stadtplan. „Wir müssen jetzt hier durch den Wald gehen. Dann kommen wir direkt zum Grugapark. Dort suchen wir uns dann erst einmal etwas zu essen."

Im Park angekommen, liefen die Kinder fröhlich einen Hügel hinterunter. „Hier kommt man sich vor wie in den Bergen."

Lilly sah sich mit leuchtenden Augen um und entdeckte sogar einen Wasserfall. Nachdem sie sich im Restaurant Orangerie ein bisschen gestärkt hatten, wollten Lilly und Nikolas unbedingt in

die Modellbahn-Ausstellung *OKtoRail*. Erwartungsvoll setzten sie sich mit ihren Eltern in einen echten Eisenbahnwaggon. Auf einmal wackelten und vibrierten die Bänke unter ihnen.

„Wir fahren los!“, rief Lilly erschrocken. Auf einem Bildschirm reisten sie rückwärts in der Zeit, bis sie in den 1960er-Jahren ankamen. Die Tür des Waggons öffnete sich. Neugierig ging die Familie in den angrenzenden Raum.

Aus Öfen rauchte es, überall wurde auf Zechen, in Hochöfen und in Stahlwerken gearbeitet. Dazwischen fuhren Eisenbahnen herum. Mit großen Augen betrachteten die Kinder das Geschehen in der Modellwelt.

„So ist Martin aufgewachsen“, meinte Papa.

„Ziemlich viel Industrie“, fand Nikolas.

Doch Lilly entdeckte die Szene auf der anderen Seite. „Da gibt es einen Zirkus und eine Kirmes“, freute sie sich.
Als sie ein bisschen weitergingen, merkten sie, dass die Modellfahrzeuge langsam moderner wurden, bis sie am Ende wieder in der heutigen Zeit ankamen.
„Das war cool“, meinte Nikolas, als sie anschließend zwischen verschiedenen Beeten durch den Park spazierten.
Nachdem sie an den Eulen und Papageien vorbeigekommen waren, öffnete Lilly vorsichtig die Tür zur Vogelfreifluganlage. „Da hinten stehen die Flamingos!“ Zusammen mit Nikolas lief sie an einem kleinen Wasserlauf vorbei und beobachtete die schönen Vögel.
Danach lief die Familie über einen Barfußpfad, der ganz schön an den Füßen kitzelte.
Im Streichelzoo begrüßten Lilly und Nikolas die Ziegen und Schafe. Papa drückte auf einen Knopf an einer Hörstation. „Wusstet ihr, dass die Ziege als Bergmannskuh bezeichnet wurde? In den Arbeitersiedlungen hielten sich viele Bergleute eine Ziege, die sie mit Milch versorgte“, erzählte er anschließend Lilly und Nikolas.
Dann vergnügten sich die Kinder auf einem der vielen Spielplätze im Park, während Mama und Papa sich am Kiosk mit einer Tasse Kaffee versorgten.
Nach einer Weile ging Papa zum Spielplatz und entdeckte die Kinder auf großen Kletterwürfeln. „Lilly, Nikolas, kommt, hier gibt es auch noch einen Irrgarten.“
Kaum waren sie dort angekommen, stürmten die Kinder los. „Wer als Erster beim Aussichtsturm angekommen ist!“, rief Lilly. Schnell lief sie an den Hecken entlang. Ab und zu landete sie in einer Sackgasse,

aber jetzt konnte sie den Turm bereits sehen. Auf der anderen Seite kam Nikolas angesaust. Lachend erreichten sie gleichzeitig den Turm und kletterten hinauf. Anschließend suchten sie sich gemeinsam den Weg aus dem Labyrinth heraus und warteten auf die Eltern. Mama und Papa hatten die Zeit genutzt, um sich die Blütenpracht im Rosengarten anzuschauen.
Zum Abschluss wollte Lilly gerne mit der Grugabahn durch den Park fahren, und so kamen sie auch noch an schön angelegten Gartenflächen vorbei, die sie bisher nicht gesehen hatten.

Zurück auf dem Campingplatz, machten sich Lilly und Nikolas auf die Suche nach den anderen Kindern. Sie fanden Adam und Adrian auf den Schaukeln. „Wir haben tatsächlich jemanden getroffen, der den Sohn von Josef kannte", erzählte Nikolas und lehnte sich an das Schaukelgerüst.
„Cool, dann könnt ihr ihm also die Tagebücher zurückgeben", freute sich Adrian.
„Nein, leider weiß er nicht, wo Martin jetzt wohnt, und an den Nachnamen konnte er sich auch nicht erinnern. Sie haben den Kontakt zueinander verloren", meinte Lilly und seufzte. „Jetzt gibt es keine Möglichkeit mehr, Josef oder Martin zu finden."
„Schade", sagte Adam und sprang von der Schaukel. „Habt ihr Lust, mit den anderen noch ein bisschen Fußball zu spielen? Selina und Yassin wollten auch gleich zum Fußballplatz kommen."
„Wenn ihr euch nicht wieder die ganze Zeit wegen Dortmund und Schalke streitet, gerne", grinste Nikolas. „Wir versuchen es", versprach ihm Adam.

„Aber das ist schon eine ernste Sache hier. Du müsstest mal ein Derby zwischen den beiden Vereinen mitbekommen. Da streiten sich sogar die Erwachsenen."
„Streiten? Wenn zwei sich streiten, freut sich der Dritte", warf Maxi ein, der gerade mit seinen Geschwistern dazukam.
„Ach, Maxi, das passt jetzt aber nicht", sagte Nikolas und lachte.

Als die Kinder abends zum Wohnwagen kamen, war es wieder Zeit für Martins Tagebuch.

September 1965

Puh, ein Glück, daß Papa endlich zu Hause ist. Wir haben uns richtig Sorgen gemacht. So ist das immer, wenn er nicht pünktlich auf der Matte steht. Im Bergbau kann immerhin so einiges passieren. Keine Ahnung, was ihn dieses Mal aufgehalten hat. Irgendwann kam er dann doch auf seinem Rad angefahren. Auf dem Gepäckträger hatte er ein Mutterklötzchen dabei. Da freut sich Mama. So kann sie gut das Feuer im Ofen anzünden.

Oktober 1965

Heute mußten wir mal wieder Kohle ins Kellerloch einschleppen. Ich habe versucht, mich davor zu drücken, hat aber nicht funktioniert. Alle müssen mithelfen. Sogar die kleine Christa stand mit einer kleinen Schippe daneben.
Danach ging es noch auf die Straße. Der Leierkastenmann war wieder da, und wir durften ihm einen Groschen zustecken.

November 1965

Papa hat neulich ein paar Kumpel mit nach Hause gebracht. Richtig unterhalten konnten wir uns mit denen nicht, denn sie können kaum Deutsch sprechen. Ich glaube, sie kommen aus der Türkei. Wir Kinder saßen alle im Wohnzimmer und starrten sie an. Sie lächelten uns zu und hatten uns Süßigkeiten mitgebracht. Ich finde es sehr spannend, Menschen aus anderen Ländern zu treffen! Schade, dass sie uns nichts von ihrem Leben dort erzählen können.

„Wisst ihr eigentlich, was ein Groschen ist?“, fragte Papa.

„Irgendein Geldstück, vermute ich mal“, meinte Nikolas.

„Das waren 10 Pfennig, also etwa 5 Cent. Für einen Groschen konnte man sich, als ich ein Kind war, am Kaugummiautomaten einen Kaugummi kaufen“, erinnerte sich Papa und klappte das Tagebuch zu.

„Was haltet ihr davon, wenn wir morgen, an unserem letzten Urlaubstag, noch mal schwimmen gehen?“, fragte Mama. „Wir könnten dieses Mal ja vielleicht zum *Baldeneysee* nach Essen fahren.“

„Ja!“, jubelten Lilly und Nikolas voller Vorfreude.

WASSERSPASS IN OBERHAUSEN

Am nächsten Tag regnete es allerdings schon wieder, sodass sie beschlossen, stattdessen nach Oberhausen in den *Aquapark* zu fahren.

„Was ist denn das da für eine riesige Tonne?“, wollte Nikolas auf dem Weg zum Erlebnisbad wissen und zeigte aus dem Fenster.

„Das ist der *Gasometer*. Darin wurde das Gas gespeichert, das bei der Produktion von Koks oder Eisen als eine Art Abfall anfiel. Dieses Gas wurde dann wiederum in Walzwerken verfeuert, um mit Hilfe von Walzen aus Stahl Bleche und Ähnliches herzustellen“, antwortete Papa. „Der *Gasometer* wurde allerdings schon vor gut 30 Jahren stillgelegt und ist nun durch seine Höhe ein besonderer Raum für Ausstellungen. Leider ist er zurzeit geschlossen, da gerade die nächste Ausstellung vorbereitet wird.“

Das Schwimmbad *Aquapark* befand sich ganz in der Nähe dieses besonderen Wahrzeichens der Stadt Oberhausen.

„Ihr könnt gleich im Schwimmbad mal schauen, was ihr aus der Bergwerkswelt alles wiedererkennt. Dies ist nämlich ein Bergbau-Erlebnisbad“, sagte Papa und verteilte die Eintrittschips für das Drehkreuz.

„Ich sehe schon was!“, rief Lilly, als sie aus der Umkleidekabine herauskamen. Sie zeigte auf das Grubenpferd im Kleinkindbereich.

„Und in der Mitte steht ein großer Förderturm“, sagte Nikolas und blickte nach oben. „Das ist ja ein cooles Dach!“

„Bei gutem Wetter kann man die Glaskuppel wohl sogar zum Teil öffnen“, erzählte Mama und steuerte mit den Kindern erst einmal das große Schwimmbecken an, wo sie sich durch den Strömungskanal treiben ließen.

„Da hinten muss man gut aufpassen.“ Nikolas zeigte lachend auf Kohlewagen, die mit Wasser gefüllt wurden und von Zeit zu Zeit das Wasser über den Badegästen ausleerten.

„Ich gehe mal mit den Kindern zu den Rutschen. Du kannst es dir ja ein bisschen im Whirlpool gemütlich machen“, schlug Papa nach einer Weile vor. Sowohl Mama als auch die Kinder waren damit einverstanden. Vorsichtig liefen Lilly und Nikolas über den nassen Boden zu den Röhrenrutschen.
„Tagschacht oder Blindschacht?“, wollte Papa wissen, als sie die Stufen zu den Rutschen hochstiegen.
„Was heißt das?“, fragte Lilly zurück.
„Das sind auch Ausdrücke aus der Bergmannssprache“, antwortete Papa. „Ein Blindschacht hat im Bergwerk verschiedene Sohlen, also Ebenen, die miteinander verbunden sind. Im Gegensatz zum Tagschacht gibt es allerdings keinen direkten Zugang zur Erdoberfläche. Hier im Schwimmbad ist es im Blindschacht dunkel, und den Tagschacht können wir mit einem Reifen hinuntersausen. Es gibt auch Reifen für zwei Personen. Also, worauf habt ihr Lust?“
„Ich würde am liebsten erst einmal mit dir zusammen in einem Reifen rutschen“, meinte Lilly.
„Ich rutsche durch die dunkle Röhre“, sagte Nikolas entschlossen und stellte sich hinter zwei Kindern an, die das ebenfalls vorhatten.
Lilly und Papa konnten gleich losrutschen. „Ah, ist das schnell“, rief Lilly. Auf einmal drehte sich der Reifen, und Lilly und Papa rutschten rückwärts weiter. Lilly kreischte auf und klammerte sich am Reifen fest, bis sie unten ankamen.
Mit einem lauten Platsch landete nun auch Nikolas im Becken. „Und, wie war es?“ Lilly sah ihn erwartungsvoll an.
„Richtig dunkel! Aber an manchen Stellen gab es auch kleine Lichter. Hammer jedenfalls!“ Nikolas lief direkt wieder zur Treppe, um

noch einmal zu rutschen. Später machten sie es sich bei Mama im Whirlpool gemütlich, bis der Hunger sie zu einem Imbiss hinaustrieb.

„Wenn ihr Lust habt, können wir auch noch ins *Sea Life* gehen", schlug Mama vor. „Es sind nur ein paar Minuten Fußweg."
„Ja!", riefen Lilly und Nikolas begeistert.
Auf dem Weg bewunderte Lilly eine große Giraffe aus Legosteinen. Mama bemerkte ihren Blick und sagte: „Da ist das *Lego Discovery Center*. Das werden wir leider heute nicht mehr schaffen. Aber da waren wir ja in Berlin schon mal."
An der Kasse im *Sea Life* kaufte Papa den Kindern je ein Abenteuerpaket, welches ein Forschungsheft, eine Messlatte, eine Lupe und Rangerkarten enthielt.
Nikolas nahm sich die Lupe heraus und ging zum ersten Aquarium. Er hielt sie gegen das Glas und versuchte, sich die Schuppen der vorbeischwimmenden Fische genauer anzusehen. Auch Lilly hatte ihre Lupe in der Hand. „Ich gucke gleich mal, ob ich tatsächlich einen Saugnapf von einem Kraken entdecken kann. In dem Heft steht, dass Kraken die verlieren."
Sie hatte Glück und konnte tatsächlich einen abgefallenen Saugnapf im Wasser schwimmen sehen.
„Ah, schau mal, wer hier gelebt hat", sagte Nikolas und deutete auf ein Schild. „Der Krake Paul! Den kennen wir doch aus dem Fußballmuseum."
„Ich glaube, jetzt finden wir das größte Tier hier im Aquarium", frohlockte Nikolas, als sie zum Glastunnel kamen.
„Welche Fische sind denn hier drin?", wollte Lilly wissen.

„Der Ammenhai zum Beispiel. Der kann 4,30 Meter groß werden“, las Nikolas von einem Infoschild ab. Fasziniert beobachteten die Kinder, wie die großen Tiere über sie hinwegschwammen.

Zwischen den unterschiedlichen Aquarien blieben Lilly und Nikolas immer wieder an Stationen mit kleinen Aufgaben und Fragen stehen. Sie drehten an einem Rad, das anzeigte, welche Verkehrsmittel besonders umweltfreundlich sind, und sie informierten sich über bedrohte Tiere in den Meeren und wie man diese schützen kann.

„Die armen Schildkröten. Es dürfen echt keine Plastiktüten mehr im Meer landen“, meinte Lilly traurig. „Die Tüten sehen im Wasser ja wirklich wie Quallen aus. Kein Wunder, wenn die Schildkröten das verwechseln und sie fressen.“

„Diese Plastikinseln in den Ozeanen finde ich auch wirklich gruselig“, sagte Nikolas. „Lass uns doch hier bei diesem Versprechen für die Meere mitmachen. Von welcher Aussage soll Papa mit uns ein Foto machen? Versprechen wir, dass wir unseren Plastikmüll reduzieren oder dass wir an einer Strandsäuberungsaktion teilnehmen?“

„Wir machen alles!“, beschloss Lilly und stellte sich hinter die Wand für das Foto, auf dem sie wie ein Taucher aussah, der gerade Plastik aus dem Meer fischte.
„Hallo, ihr zwei“, sprach eine Mitarbeiterin des *Sea Life* sie an. „Habt ihr Lust, euch eure Finger von Garnelen putzen zu lassen?“
Neugierig gingen Lilly und Nikolas zum Berührungsbecken. „Ihr müsst nur eure Hand ins Wasser halten“, forderte die Frau sie auf.
Vorsichtig streckte Lilly ihre Hand in das Becken. Ein paar Garnelen schwammen heran und knabberten an ihren Fingern. „Ah, das kitzelt!“ Lilly lachte. „Probier es doch auch mal aus“, forderte sie ihren Bruder auf, der nun ebenfalls seine Hand ins Wasser hielt.
Auf dem Rückweg zum Campingplatz verglichen Lilly und Nikolas ihre Rangerkarten miteinander.
„Ich habe den Kraken. Der hat einen Angriffswert von 82“, sagte Nikolas stolz.
Lilly schaute auf ihre Karte vom Ballon-Igelfisch. „Dafür hat meiner eine Verteidigung von 90. Schau mal.“ Sie reichte Nikolas die Karte.

„Wow, der kann sich bis zu seiner dreifachen Größe aufblasen", staunte ihr Bruder.

Auf dem Campingplatz liefen sie beim Wohnwagen von Marie, Lukas und Maxi vorbei. „Wir fahren morgen nach Hause", sagte Lilly mit Bedauern, und sie verabschiedeten sich.
„Aber dieses Mal tauschen wir unsere Adressen und Telefonnummern aus", meinte Nikolas zu Lukas. „Dann können wir uns schreiben, und vielleicht machen wir ja noch mal am selben Ort Urlaub."
„Könnte sein", sagte Maxi und fügte grinsend hinzu: „Haltet die Ohren steif!"
Lachend liefen Lilly und Nikolas noch zu Adrian und Adam, um auch mit ihnen in Kontakt bleiben zu können.
Im Wohnwagen angekommen, las Mama nun die letzten Seiten aus Martins Tagebuch vor.

März 1966

Ich habe ein blaues Auge. Das tut ganz schön weh. Aber egal, das war es wert. Der Fritz meint doch tatsächlich, er wär was Besseres. Nur weil sein Papa Beamter ist. Mit uns würde er nicht spielen. So'n Blödmann! Ich habe eh keine Lust, in piekfeinen Sachen übern Schulhof zu stolzieren. Aber ich laß mir das Gerede von dem auch nicht bieten. Das gab am Ende ne ordentliche Prügelei. Mein blaues Auge ist da nur halb so schlimm, dem Fritz habe ich auch eine reingehauen. Stärker als der bin ich auf jeden Fall. Da soll er sich bloß nichts einbilden.

Juni 1966

In der Kokerei wird wieder Gas abgefackelt. Da ist der Himmel immer ganz rot und steht in Flammen. Ich mag das. Christa auch. Sie glaubt dann immer, daß die Engel backen. Manchmal hat sie Angst, daß sie dafür unsere leckeren Erdbeeren aus dem Garten haben wollen. Sie ist halt noch klein. Aber unsere Erdbeeren sind tatsächlich lecker. Überhaupt haben wir viel Obst und Gemüse im Garten. Im Winter steht es dann alles in Einmachgläsern im Keller. Omma bekommt auch ein paar davon ab. Und die Nachbarn auch.

Juli 1967

Wir werden das erste Mal Urlaub machen! Mit Omma und Oppa dürfen wir zwei Tage an der Ruhr zelten. Wie das wohl sein wird? Ich habe keine Ahnung, aber ich freue mich sehr. Urlaub machen sonst immer nur die anderen und jetzt endlich auch wir!

„Wie passend, dass es mit einem Campingurlaub endet“, fand Papa, und die anderen stimmten ihm zu.

„Ein schöner Abschluss für unseren Urlaub“, meinte auch Mama. „Wie schade, dass wir die Tagebücher nicht an ihre Besitzer zurückgeben konnten.“ Nikolas hob bedauernd die Schultern und fügte hinzu: „Dann nehmen wir sie eben als Erinnerung an den Urlaub mit nach Hause.“

ÜBERRASCHENDE POST

Auf der Heimfahrt erinnerten sie sich noch einmal an die erlebten Abenteuer und dachten dabei auch viel an Josef und Martin.
Nach einigen Stunden kamen sie endlich müde zu Hause an. Trotzdem halfen alle noch mit, das Gepäck ins Haus zu tragen, und Mama holte bei den Nachbarn die Post ab. Während sie ins Haus trat, blätterte sie kurz den Stapel durch. „Lilly, Nikolas, hier ist auch ein Brief für euch dabei."
„Von wem denn?", wollte Lilly wissen.
„Moment, ich schaue mal auf den Absender." Mama drehte den Umschlag um. „Von einer Lara."
Aufgeregt nahm Nikolas Mama den Brief aus der Hand. „Das ist doch dieses Mädchen mit der Flaschenpost." Er riss den Umschlag auf, holte einen Brief heraus und las ihn vor:

Hallo Lilly, hallo Nikolas,
vielen Dank für eure Karte. Ich habe mich sehr gefreut, dass ihr mir geantwortet habt. Mit Kohle kenne ich mich auch ein bisschen aus. Mein Opa Martin erzählt immer viel vom Bergwerk. Er war nämlich Bergmann, und später hat er sogar als Steiger gearbeitet. Das ist so eine Art Aufseher, aber das wisst ihr nach eurem Urlaub bestimmt.

Jetzt gibt es bei uns aber keine Bergwerke mehr, und ich glaube, dass Opa ein bisschen traurig darüber ist. Ihm war die Arbeit im Bergwerk sehr wichtig.

Viele Grüße, Lara

Auf einmal war die Müdigkeit wie weggeblasen. „Meinst du, ihr Opa ist unser Martin?", wollte Lilly aufgeregt wissen. „Sie heißt Schmidt mit Nachnamen und Willy sagte doch, dass Martins Nachname mit ‚Sch' anfing."

„Es gibt bestimmt viele Martins, und Schmidt ist nicht gerade außergewöhnlich", meinte Nikolas skeptisch, fügte dann aber hoffnungsvoll hinzu: „Das mit dem Steiger passt aber auch."

„Wir können ihr ja noch mal schreiben und uns nach den Namen von ihrem Uropa und ihrer Uroma erkundigen. Wenn dann immer noch alles passt, schicken wir ihr die Tagebücher", schlug Lilly vor.

Sie setzten sich noch am selben Abend hin und verfassten einen kurzen, aber geheimnisvollen Brief an Lara.

Liebe Lara,

wenn du uns verrätst, wie die Eltern von deinem Opa Martin heißen, haben wir vielleicht etwas für deinen Opa.

Deine Lilly und dein Nikolas

Sie mussten ein paar Tage warten, bis eine Antwort kam. Jeden Tag liefen sie zum Briefkasten und schauten, ob ein Brief von Lara dabei war. Endlich, da war er! Ungeduldig öffneten sie den Umschlag.

Hallo Lilly, hallo Nikolas,
meine Urgroßeltern hießen Josef und Hilde. Sie leben allerdings nicht mehr. Jetzt bin ich aber gespannt, warum ihr das wissen wollt.

Viele Grüße, Lara

Lilly und Nikolas sahen einander an. Dann mussten sie lachen. Aufgeregt hüpften sie durchs Zimmer. „Das ist er! Das ist unser Martin!“ riefen sie.
Sie packten die Tagebücher in einen großen Umschlag und steckten noch einen erklärenden Brief dazu. „Wie schön, dass wir ihn nun doch noch gefunden haben“, meinte Nikolas, als er den Umschlag zuklebte.
„Und wenn wir noch mal ins Ruhrgebiet fahren, treffen wir uns auf jeden Fall mit Lara. Vielleicht können wir dann ja auch Martin kennenlernen“, hoffte Lilly.
„Und in das Planetarium, von dem Adrian und Adam gesprochen haben, möchte ich dann auch“, sagte Nikolas. „Und an den *Baldeneysee*!“ Er überlegte kurz: „Und vielleicht gibt es dann ja auch eine Ausstellung im *Gasometer*. Im *Aquapark* habe ich übrigens noch Prospekte von einem Museum für Archäologie gesehen, und es gibt auch noch einen anderen Freizeitpark, *Movie Park* oder so ähnlich. Da würde ich auch gerne hinfahren.“
„Oh, und Marie hat mir einen Prospekt vom *Duisburger Zoo* gegeben. Da gibt es sogar Koalabären“, sagte Lilly mit leuchtenden Augen.
Mama lachte. „Ich merke schon, wir müssen auf jeden Fall noch mal ins Ruhrgebiet. Da scheinen noch jede Menge Abenteuer auf uns zu warten.“

– Ende –

HATTINGEN UND WITTEN

Altstadt Hattingen

Touristeninfo
Haldenplatz 3
45525 Hattingen
www.hattingen.de

Henrichshütte Hattingen

Werksstraße 31-33
45527 Hattingen
www.lwl.org/industriemuseum/standorte/henrichshuette-hattingen

Zeche Nachtigall

Nachtigallstraße 35
58452 Witten
www.lwl.org/industriemuseum/standorte/zechenachtigall

BOCHUM

Zeche Knirps bei der Zeche Hannover

Günnigfelder Straße 251
44793 Bochum
www.lwl.org/industriemuseum/standorte/zeche-hannover

Deutsches Bergbau-Museum Bochum

Am Bergbaumuseum 28
44791 Bochum
www.bergbaumuseum.de

ESSEN

Ruhr Museum

UNESCo-Welterbe Zollverein
Areal A [Schacht XII]
Kohlenwäsche [A 14]
Gelsenkirchener Straße 181
45309 Essen
www.ruhrmuseum.de

Kokerei (UNESCO Welterbe Zollverein)

Gelsenkirchener Str. 181
45309 Essen
www.zollverein.de

Phänomania Erfahrungsfeld

Am Handwerkerpark 8–10
45309 Essen
www.erfahrungsfeld.de

Grugapark Essen

Haupteingang Messeplatz
45131 Essen
www.grugapark.de

DUISBURG UND MÜHLHEIM AN DER RUHR

Binnenhafen Duisburg

Hafenrundfahrt (ab Schwanentor)
Calaisplatz 3
47051 Duisburg
www.hafenrundfahrt.nrw/hafenrundfahrt

6-Seen-Platte Duisburg

www.duisburg.de/wohnenleben/wasser/sechsseenplatte.php
reibad Wolfssee
Kalkweg 262
47279 Duisburg
www.freibad-wolfssee.de

Aqaurius Wassermuseum

Burgstraße 70
45476 Mülheim an der Ruhr
www.aquarius-wassermuseum.de

Haus Ruhrnatur

Alte Schleuse 3
45468 Mülheim an der Ruhr
www.haus-ruhrnatur.de

DORTMUND UND UNNA

Deutsches Fußballmuseum

Platz der Deutschen Einheit 1
44137 Dortmund
www.fussballmuseum.de

Zentrum für internationale Lichtkunst Unna

Lindenplatz 1
59423 Unna
www.lichtkunst-unna.de

BOTTROP, GELSENKIRCHEN UND OBERHAUSEN

Freizeitpark Schloss Beck

Am Dornbusch 39
46244 Bottrop
www.schloss-beck.de

Tetraeder

Beckstraße · 46238 Bottrop
www.bottrop.de/freizeit-tourismus/sehenswert/tetraeder.php

Zoom Erlebniswelt

Bleckstraße 64
45889 Gelsenkirchen
www.zoom-erlebniswelt.de

AQUApark Oberhausen

Heinz-Schleußer-Straße 1
46047 Oberhausen
www.aquapark-oberhausen.com

Sea Life Oberhausen

Zum Aquarium 1
46047 Oberhausen
www.visitsealife.com/de/oberhausen

Interessante Informationen, Wander- und Radtouren

www.ruhrgebiet-industriekultur.de

(Alle Angaben ohne Gewähr)

Außerdem bei Biber & Butzemann

Alexandra Benke
Geheimnis um den roten Kater
Mit Illustrationen von Claudia Gabriele Meinicke
Ein München-Abenteuer
Biber & Butzemann

Abenteuer in Hamburg
Birgit Hedemann
Lilly und Nikolas auf der Spur der Schmuggler
Illustrationen von Sabrina Pohle
Biber & Butzemann

ABENTEUER IM OLDENBURGER LAND
LILLY UND NIKOLAS AUF DER SUCHE NACH DEM KLIMASCHATZ
Birgit Hedemann
Biber & Butzemann

Kerstin Groeper / Steffi Bieber-Geske
ABENTEUER IN OSTFRIESLAND
LILLY, NIKOLAS UND DIE LIKEDEELER
Mit Illustrationen von Rebecca Salamann
Biber & Butzemann

ABENTEUER AUF NORDERNEY
MIT JUIST UND LANGEOOG
Lilly, Nikolas und die Flaschenpost
Monika Wolf
Illustrationen von Sabrina Pohle
Biber & Butzemann

Birgit Hedemann
Abenteuer auf Baltrum
Lilly, Nikolas und das verschollene Schiffswrack
Biber & Butzemann

Luisa Hartmann
Ziemlich beste Ferien
ABENTEUER AUF SPIEKEROOG
Illustrationen von Sabrina Pohle
Biber & Butzemann

Luisa Hartmann
Ziemlich beste Ferien 2
ABENTEUER AUF LANGEOOG
Illustrationen von Sabrina Pohle
Biber & Butzemann

Luisa Hartmann
Ziemlich beste Ferien 3
ABENTEUER AUF WANGEROOGE
Illustrationen von Sabrina Pohle
Biber & Butzemann

Nicole Grom
DAS GEHEIMNIS VON RUNGHOLT
Lilly und Nikolas in Eiderstedt
Mit Dithmarschen, Hooge und Pellworm
Biber & Butzemann

GEHEIMNIS IM KNIEPSAND
LILLY UND NIKOLAS AUF AMRUM
Andrea Nesseldreher
Biber & Butzemann

ABENTEUER AUF SYLT
Lilly, Nikolas und die Leuchtturm-Detektive
Kerstin Groeper
Biber & Butzemann

André F. Nebe
BAND 1
Spuk auf der Ostsee
Biber & Butzemann

ABENTEUER AN DER LÜBECKER BUCHT
Kerstin Groeper/ Steffi Bieber-Geske
RETTUNG FÜR DIE GRAUEN LANGOHREN
Lilly, Nikolas und die Fledermäuse
Illustriert von Vivien Schmidt
Biber & Butzemann

Nicole Grom / Steffi Bieber-Geske
ABENTEUER IM LAND DER WIKINGER
LILLY UND NIKOLAS UNTERWEGS ZWISCHEN SCHLESWIG, KIEL UND FLENSBURG
Mit Illustrationen von Sabrina Pohle
Biber & Butzemann

SAGENHAFTE FERIEN AUF USEDOM
LILLY, NIKOLAS UND DAS GEHEIMNIS DER VERSUNKENEN STADT
Steffi Bieber-Geske/ Kerstin Groeper
Illustrationen von Sabrina Pohle
Biber & Butzemann

NEUE ABENTEUER AUF RÜGEN
LILLY, NIKOLAS UND DAS KRANICHEI
Steffi Bieber-Geske
Biber & Butzemann

Steffi Bieber-Geske
Kerstin Groeper
ABENTEUER AUF FISCHLAND-DARß-ZINGST
LILLY, NIKOLAS UND DIE SEENOTRETTER
Biber & Butzemann

EIN SOMMER
IN SCHWEDEN
Illustrationen von
Manja Adamson
Biber & Butzemann

SANDRA LEHMANN
MATTI UND MAX
ABENTEUER AUF KRETA
Biber & Butzemann

SANDRA LEHMANN
MATTI UND MAX
ABENTEUER IN NEW YORK
Biber & Butzemann

SANDRA LEHMANN
MATTI UND MAX
ABENTEUER IN BERLIN
Biber & Butzemann

SANDRA LEHMANN
MATTI UND MAX
ABENTEUER IN PARIS
Biber & Butzemann

SANDRA LEHMANN
MATTI UND MAX
ABENTEUER IN DEN
ALPEN
Biber & Butzemann

ABENTEUER
AUF RØMØ
Lilly, Nikolas
und der Bunkerschatz
Birgit Hedemann
Mit Illustrationen
von Sabrina Pohle
Biber & Butzemann

Sommer an der
dänischen
Nordsee
Der geheimnisvolle Bunker
Katja Josteit
Biber & Butzemann

Steffi Bieber-Geske
Abenteuer in
Süddänemark
Lilly, Nikolas und die
verschwundenen Bilder
Biber & Butzemann

Die Autorin

Miriam Schaps, Jahrgang 1981, kommt aus Ostwestfalen, lebte ein Jahr in Schweden, studierte in Münster Grundschullehramt und lebt nun mit ihrem Mann und ihren drei Kindern in der Nordeifel. Ihre große Leidenschaft ist das Lesen und es ist ihr wichtig, diese Leidenschaft an viele Kinder weiterzugeben, sodass sie u. a. im Kindergarten vorliest, Seminare zum Vorlesen leitet und einen Kinderbuchblog betreibt. Sie hat bereits zahlreiche Kinderbücher bei Biber & Butzemann veröffentlicht. Das Ruhrgebiet ist aufgrund der vielen tollen Ausflugsmöglichkeiten für Familien eins ihrer liebsten Kurzreiseziele.
www.geschichtenwolke.de

Die Illustratorin

Sabrina Pohle, Jahrgang 1984, entdeckte in ihrer frühen Jugend ihr Interesse am Zeichnen, aus dem sich über die Jahre eine Leidenschaft für Illustration und sequenzielle Kunst entwickelte. Sie experimentierte zunächst viel mit traditionellen Maltechniken und Materialien wie Aquarell, Kohle und Pastellkreiden. Seit einiger Zeit nutzt die Mutter eines Sohnes auch digitale Medien, um ihre Werke zu erstellen. Die studierte Japanologin arbeitet als freiberufliche Illustratorin in Hamburg und hat bereits zahlreiche Kinderbücher illustriert.
www.splinteredshard.com

ZECHE KNIRPS